Agradecimientos

A mi padre, que me permitió ingresar y desarrollar un sector hace 14 años.

A mi Hermana, que lo continuó y mejoró.

A mi madre, que colaboró para lanzar esta primera edición.

A María de Fátima Lima Pereyra, por su prólogo y por confiar en este nuevo proyecto.

A Dr. Raúl Pintos, que colaboró con información

A Rodolfo Urrea, que siempre me estimuló para cambiar paradigmas.

A Livia Barrios, que me permitió participar de un proyecto internacional.

A Sandra Masseo James, con quien me identifiqué en su lucha.

A la Dra. Dolly Ning, que confió en mi persona.

A mis docentes y colaboradores directos, que me acompañan en este proyecto.

A todas las profesionales de Latinoamérica, que con sus mensajes y palabras de aliento, no me permitieron perecer.

FRASES QUE ME INSPIRARON

"Esperar que la vida te trate bien porque seas buena persona, es como esperar que un tigre no te ataque porque seas vegetariano."

Bruce Lee

"Algunas cosas sólo necesitan tiempo. Nueve mamás, no hacen un bebé en un mes."

Warren buffet

"El 90 % del éxito, se basa simplemente en insistir."

Woody Allen

"A veces la vida te va a pegar en la cabeza con un ladrillo, pero no pierdas la fe."

Steve Jobs

PRÓLOGO

EL PROFESIONAL DE ESTÉTICA HOY

El cliente busca permanentemente novedades en los tratamientos estéticos, en cosméticos, en los cuidados y asesoramiento en los cuidados con el rostro y cuerpo. Busca hoy, un profesional calificado que pueda informarlo con argumentos científicos, siempre basados en el conocimiento de la anatomía, fisiología, cosmetología, y en recursos técnico-estéticos, que proporcionen tratamientos específicos para sus necesidades.

Un esteticista motivado por su profesión, se muestra inquieto por aprender, por reciclarse y por superar las posibles dificultades que esta actividad profesional pueda ofrecer. Hoy, con la aparición de los cursos técnicos, tecnólogos y el más reciente en el mercado, el Licenciado en Estética, el profesional estará cada vez más perfeccionado y reforzando que la excelencia en la actitud y práctica profesional pasa por la buena formación académica.

La seriedad, el conocimiento técnico-científico, la objetividad, la ética, la motivación y el amor, son las herramientas básicas con que el profesional esteticista dispone para alcanzar el éxito.

Mi intención como profesional apasionada por la ESTÉTICA, educadora por formación es tener como foco la valorización humana y profesional: porque creo en la capacidad humana de construcción, y de construcción profesional con conocimiento y pasión.

Frente a esta nueva visión tecnológica, el consumidor de servicios estéticos busca de modo selectivo, profesionales que tengan conocimiento técnico-estético diferenciado y de calidad.

El profesional de estética que posea capital intelectual, cultural y técnico como diferencial competitivo tiende a diferenciarse en el mercado.

Crear un ambiente favorable, ser creativo, saber gerenciar su negocio, dar un show en la atención al cliente, son exigencias de este nuevo consumidor.

Como sabemos, sobrevivirán a este requerimiento del mercado los mejores profesionales, aquellos más preparados. Por esta razón, creo que cada vez más el trabajo multidisciplinari o e interdisciplinario tenderá a proporcionar resultados positivos a nuestro cliente. Mediante esta nueva tendencia, debemos tener en cuenta que el papel del esteticista es fundamental en estos equipos interdisciplinares, pudiendo contribuir en los tratamientos prescriptos por el médico inclusive, opinando y sugiriendo técnicas complementarias al tratamiento, posibilitando resultados más eficaces y actuación más ética.

Hoy, con la alta tecnología cosmetológica y con el avance técnico de la estética, obtuvimos el apoyo de los dermatólogos, cirujanos plásticos, endocrinólogos, angiólogos, etc. Estamos felices en que haya una importante solicitación por parte de los médicos en busca de profesionales de estética calificados para actuar en sus consultorios, que desarrollen actividades coayudantes que van desde una limpieza de piel, con el objetivo de remover impurezas de la piel y/o posibilitar afinamientos de la capa córnea, haciendo uso de protocolos autorizados en el ejercicio de la profesión, pasando por hidrataciones, acompañamiento del acné, masaje manual, liftings cosméticos, aplicación de algunos ácidos permitidos por los organismos de regulación sanitaria, utilización de la eletroterapia, hasta el acompañamiento de un postquirúrgico con aplicación de la técnica de drenaje linfático.

El profesional de estética en los tiempos actuales es un profesional formado para interactuar complementariamente con diversas especialidades, con relación de interlocución y armonía. Su esfera de actuación es determinada por los otros campos profesionales del sector de la salud, mas su autonomía es total en lo que se refiere al proceso de preservación de la belleza para el bienestar físico y psicológico del cliente.

Por este motivo, la profesionalización, el reconocimiento, la reglamentación, así como la creación de Consejos Regionales y Federales de Estética son importantísimos, no solamente para fortalecer el área, como también para fiscalizar el ejercicio de la profesión en lo que se refiere a la verificación de la presencia de los requisitos exigidos para las excelentes prácticas.

Como educadora y profesora, vivo cuán importante es la integración de las ciencias básicas y profesionalizantes, articulación entre teoría y práctica, utilizando metodologías activas de enseño-aprendizaje.

Nuestro curso de graduación, con duración de tres años, tiene como objetivo la formación de especialistas en asuntos de Salud, Belleza y Bienestar, dando énfasis principal al abordaje preventivo y reparador, presentando las más recientes e innovadoras técnicas del segmento.

Todo el grado curricular es suministrado por diversos profesionales y educadores del sector de la salud, teniendo como maestros a médicos, inmunólogos, farmacéuticos, cosmetólogos, esteticistas, fisioterapeutas, administradores, biólogos, físicos, etc. La propuesta del curso es posibilitar que el alumno tenga una visión crítica y emprendedora, tornándolo capaz de gerenciar su propio negocio de servicios estéticos faciales y corporales.

Modelos pedagógicos, administrativos y vivenciales diferenciados y pioneros, despierta en este alumno mayor creatividad, optimizando una actuación diferenciada, en un mercado cada vez más competitivo.

La iniciativa de Diego Tomatis en escribir este libro viene al encuentro de las necesidades que Latinoamérica tiene por profesionalizar nuestra área de estética, tengo la certeza que provocará profundo debate y creo que es una gran iniciativa.

Lo felicito y cuente con nosotros desde Brasil.

Habremos dado un gran paso en la calidad y preservación de la salud y de la buena atención a nuestro cliente, cuando tengamos en mente que: *"Dar vida a los años, vale mucho más la pena que dar años a la vida".*

Professora Maria de Fátima Lima Pereira

Esteticista y Pedagoga/Consultora Técnica

Directora de Esthetic Pro & Cosmetologia

Curadora Científica del Congresso Internacional de Estética de Les Nouvelles Esthetiques

Profa. del Curso de Graduación en Estetica de la Universidad Anhembi Morumbi-Laurete Internacional Universities, San Pablo.

Maestrado en Comunicação de la Universidad Anhembi Morumbi

www.mfatima.com.br

Capítulo 1

Mi historia personal y el porqué de mi lucha en el sector

Lo que me motivó principalmente a escribir este libro, fueron una serie de situaciones por las cuales atravesé durante los últimos 14 años de mi vida.

En muchas ocasiones no encontraba la mejor manera de expresar lo que siempre pensé sobre el sector profesional de la estética y la cosmetología, hasta que comencé a escribir notas sobre la realidad del mismo durante unos 2 años seguidos, en revistas especializadas, blogs y redes sociales. Las devoluciones que obtenía estaban divididas, por suerte el 70% de ellas eran favorables, el 20% estaban en desacuerdo y creo que la menos un 10% se reservó el derecho a opinar, quizás por desconocimiento sobre lo que escribía, o falta de argumentos a la hora de hacer una crítica constructiva.

Nunca imaginé que me iba a atrever a escribir un libro sobre esta temática, pero llegué a la conclusión de que muchas veces las personas necesitan bajar a papel todo lo que se quiere expresar, para que de este modo llegue a las personas una humilde opinión respecto de algo.

Cuando comencé a revisar y a estudiar las respuestas y opiniones de las profesionales del sector respecto de mis notas, comprendí que era necesario explayarme mucho más en ellas, por dos motivos, las mismas sólo tenían el tamaño de una carilla de Word, pero a la vez generaban muchos comentarios, experiencias, adhesiones y opiniones. Por otro lado podía apreciar un total desconocimiento por parte de los profesionales de los temas que abordaba y que nadie les explicaba en detalle cómo eran las cosas.

Fue así que convertí 8 notas de opinión en 12 capítulos de este libro, tratando de explicar de manera sencilla, como pienso que son o deberían ser algunos aspectos fundamentales de un sector en constante auge y crecimiento.

Tomé coraje y me embarqué en este proyecto sin muchos antecedentes, debido a que son pocas las personas que hablan sobre lo que usted está a punto de leer, son pocas las que se comprometen e involucran de manera responsable con lo que les apasiona. Me llené de interrogantes antes de comenzar, como siempre que se inicia algo nuevo, pero al leer una publicación en facebook, terminé tomando la decisión.

La publicación decía: cualquier persona, planta un árbol, tiene un hijo o escribe un libro. Lo difícil es regar el árbol, criar al hijo, y que te lean el libro.

Es por ello, que si usted se encuentra leyendo estas líneas, deseo agradecerle, su tiempo, su inversión y la molestia que se tomó.

LOS INICIOS

Comencé a desarrollarme en el sector de la formación profesional cuando tenía 22 años. Si bien yo venía de una familia que se dedicaba a la venta por mayor de insumos de perfumería y peluquería, no tenía ningún conocimiento sobre formación profesional en estética y belleza.

En el año 2000, me encontraba estudiando administración de empresas en la ciudad de Córdoba, cuando surgió la posibilidad de adquirir una Escuela de Belleza que tenía en ese momento 40 años de existencia, con varias filiales y perteneciente a una cadena nacional.

La propuesta se la realizaron a mi padre, ya que era el que tenía el capital para invertir, y pensó en mí para que me haga cargo y la desarrolle. Cuando me comentó la idea, me pareció una excelente oportunidad para aplicar lo poco que había estudiado hasta ese momento y por otro lado, era una ocasión para generar dinero, ya que hasta ese momento dependía de la mensualidad que me daba mi padre para subsistir en Córdoba.

Sin pensarlo demasiado, dije que sí, aunque no tenía idea de qué se trataba una Escuela de Belleza, más allá de que estaba muy familiarizado con la peluquería, me surgieron muchos interrogantes que me asustaron, pero el hambre de desarrollar algo nuevo para mí, era superior a las dudas y miedos

Esta escuela, al existir con anterioridad a mi ingreso, tenía personal y gente que respondía al anterior encargado y a la casa central en Buenos Aires, es decir, era una sucursal propia de los dueños, no era una franquicia, lo cual facilitó un cambio de mando en paralelo. Es decir, la adquisición se realizó en diciembre de 2000 y los cursos comenzaban en marzo de 2001, por lo que debía interiorizarse de todas las cuestiones sobre los cursos que se dictaban, quiénes eran las docentes que los dictaban, cuáles eran las modalidades, los materiales de estudio, herramientas, etc. Pero eso no era todo, como en esa escuela también se vendían insumos, se tuvo que comprender rápidamente qué eran todos esos frasquitos llenos de crema y para qué servían. Ni hablar de las herramientas y accesorios para pedicuría, estética y cosmetología, como palos de golf para interdigitales, estecas de acero inoxidable o quitacomedones, que no los había visto en mi vida. Pero como todo era nuevo, de algún modo fue emocionante, al menos para mí.

Nunca voy a olvidar el momento, en que me dieron la lista de personas interesadas en cursar alguno de los cursos que se ofrecían, que aparentemente se habían anotado desde noviembre de 2000 hasta enero de 2001.

Una vez que conocí a las docentes que venían dictando cursos en esta escuela y luego de una reunión a modo de explicarles que la escuela se había vendido y a partir de ese momento los directivos eran otros, mi padre, el gerente de control y yo, me dispuse a realizar llamados por teléfono, para invitarlas a que se acerquen a la escuela, la cual había cambiado de dueños, algo así como los carteles que uno ve frente a los negocios con la leyenda NUEVOS DUEÑOS, tratando de comunicar que a partir de ahora el servicio será mejor.

Ese dato era muy importante, ya que al mes de comenzar a gerenciarla, me fui enterando de los desastres y daños económicos que había hecho el anterior encargado a los clientes y al alumnado, cobrándoles la misma cuota 2 o 3 veces, o vendiéndoles sillones de pedicuría a los clientes que nunca fueron entregados. De algún modo, me di cuenta por qué los dueños habían tomado la decisión de venderla, y de la responsabilidad que yo tenía en mejorar la imagen de la escuela en cuestión, ya que a partir de ese momento era mi fuente de ingreso, la única.

El listado de interesadas tenía 150 personas. Recuerdo que me armé un speach bastante convincente para convocarlas. Era la primera vez que hacía un tele márquetin para ofrecer algo que yo todavía no comprendía de qué se trataba, pero la reunión con las docentes me ayudó mucho a comprender cuestiones relativas cursos de estética o depilación. Se me complicó un poco con los cursos de digitopuntura y reflexología, pero de igual modo, hice los llamados a las interesadas.

Comenzamos el año lectivo con 45 alumnas, lo cual para mí era todo un logro en tan poco tiempo, más allá de que la escuela que nos habían vendido, en teoría, manejaba 200. Pero estábamos en camino y a partir de ese momento, comencé a comprender un poco más de qué se trataba el sector de la formación en estética y belleza. Paralelamente, desde ese inicio de actividades hasta el día de hoy, me encontraba con personas que a la hora de consultar por un curso preguntaban, son OFICIALES…, a lo que respondía: "no, es un curso". Pero siempre me quedó esa pregunta dando vueltas en la cabeza. Años más tarde comprendí por qué lo preguntaban y qué los motivaba a hacerlo, ya que eran personas que no tenían estudios secundarios finalizados.

El tiempo fue pasando y llegamos a las 200 alumnas, 2 años después de lo que nos habían prometido, por así decirlo. Pero desde el inicio de la actividad, iba observando quiénes eran los competidores y jugadores en el sector, y lo primero que pude comprender, fue lo poco desarrollado que estaba, o en realidad, estaba en manos de personas que hacía tiempo que pertenecían al mismo.

Por ese entonces no existían muchas escuelas, recuerdo que eran 5 o 6 y ninguna se destacaba. Sólo ofrecían trayectoria, 20, 30 o 40 años haciendo lo mismo, inclusive la que yo gerenciaba.

Fue un día, 4 años después de estar trabajando en esta escuela, **que me enamoré del sector**. Y lo digo de esta manera, porque sólo me enamoré dos veces en mi vida, la primera de mi primera novia y la segunda, de un sector que carecía de muchos aspectos que se encuentran en otros sectores productivos y estaba todo por hacerse, lo pedía a gritos.

De este modo y unos 4 años antes de involucrarme con este proyecto, comencé a participar de la organización de un congreso de peluquería que hoy sigue existiendo y es el más importante de Córdoba. Mi participación y la de mi padre fue durante 7 años, pero como nuestra actividad estaba relacionada a la estética y no a la peluquería, convencí a mi padre de que debíamos realizar un Congreso de Estética cosmetología y pedicuría, que en Córdoba hacía mucho tiempo no se realizaba y lo organizamos durante 7 años más. Hasta que se despertaron los players que estaban dormidos en sus laureles y dejamos de organizarlo, ya que es una actividad que requiere mucho trabajo y en muchas ocasiones, es poco redituable, al menos de la manera que lo ejecutábamos nosotros, mucho pulmón.

Descubrí por qué no existían camillas o sillones de podología que no fueran color negro. En esa época, todos los mobiliarios para los salones de estética eran color negro. Lo descubrí cuando una camilla que estaba para la venta, se le había dañado el tapizado, entonces decidí tapizarla yo, para evitar el gasto del flete para su reparación, ya que si se enviaba al proveedor nuevamente, la ganancia por la venta no cubriría el gasto.

Sorpresa la mía cuando descubrí cómo estaba confeccionada la camilla, me di cuenta que no era gran cosa y no se requería una línea de producción como la del modelo T de Ford. Fue de esta manera, que al tapizarla nuevamente decidí hacerlo en color blanco, pero como el blanco se ensuciaba mucho, incluí un cristal o plastificado y aproveché la ocasión para ponerle un plotter desde el lado interno del cristal con una marca que ya había registrado hace tiempo y así surgió la primer camilla blanca, con marca propia, al menos en Córdoba y para el sector de la estética. Se vendió en poco tiempo, pero los clientes querían más colores porque la habían visto en el salón de ventas. Así surgieron las camillas de diversos colores e inclusive recuerdo que hicimos algunas animal print, ya que el método, que tampoco era un hallazgo, lo permitía. Sólo había que invertir un 5% más en la fabricación.

A los 5 años de haber iniciado mi actividad, y al regreso de un viaje a Italia, para participar de la Feria Cosmoprof , viaje que pude realizar gracias al sponsoreo de mi padre y un proveedor, al cual siempre le voy a estar agradecido ya que me invitó a acompañarlo a la feria para ayudarlo a atender el stand que él había contratado para su laboratorio. Esto abrió y expandió mi forma de ver las cosas y los negocios en el sector. Cuando se participa de ferias internacionales tan importantes como la que se realiza en Bolonia, uno se da cuenta de todo lo que resta hacer en Latinoamérica.

A mi regreso de este fantástico viaje, convencí a mi padre de que era necesario desarrollar un beauty shop, para que los profesionales tengan otra opción a la hora de comprar insumos. A los 5 meses de inaugurado este nuevo negocio, inmediatamente se me encomendó abrir otra escuela cerca del beauty shop, debido que en el lugar elegido era muy céntrico y nos permitía realizar buena promoción de los cursos de formación, por el alto tránsito peatonal lo que permitía entregar mucha folletería en mano.

En resumen, todo el crecimiento que no se había tenido en 5 años, se produjo en sólo uno. Pero claro, este crecimiento requería de personal para atenderlo, algo que llevó mucho tiempo más, pero las escuelas se llenaron y pasamos de esos 45 alumnos iniciales a muchos más, algo que comenzó a molestar a varios antiguos players del sector. Inclusive con respecto a alguno de ellos, al día de hoy, no tengo la oportunidad de recibir un saludo en la calle o en un congreso.

Algo muy comprensible, pero estos players nunca habían desarrollado nada nuevo, o por el contrario, nunca habían pensado en sucursales, congresos y marcas propias. Quizás hayan estado solos y muy cómodos durante mucho, mucho tiempo, hasta que alguien con ganas, ideas nuevas y hambre, ingresó al sector. Suele pasar muchas veces, inclusive que algún colega te niegue el saludo, luego de haber compartido durante 7 años una mesa de reunión, para la organización de un Congreso de Peluquería, pero creo que son reglas de juego.

El tiempo siguió pasando, y quería seguir desarrollando cosas nuevas, fue así y gracias al apoyo de mis superiores, es decir mi padre y el contralor, desarrollé marcas propias para que luego se fabricaran de manera terciarizada.

Realicé una revista que se llamó Estética Paso A Paso, en la época en donde no existían los protocolos, o al menos eran pocos los laboratorios que los desarrollaban. El objetivo de la revista era acercarle al profesional una ficha integral en donde tenía todas las herramientas, para realizar el tratamiento, debido a que en las escuelas, no había muchos protocolos estándar y mucho menos con fotos e ilustraciones.

La revista tuvo 2 ediciones y se vendía en nuestros locales y en los kioscos de revista de la calle, gozó de muy buena aceptación, ya que se vendieron 1800 entre los dos números. Fue muy gratificante la respuesta de los consumidores, porque era una producción muy precaria o de bajo costo, ya que las fotos las tomaba yo, con una cámara que era de uso doméstico y el back stage, eran las mismas aulas, pero el contenido teórico era muy profesional.

Algunos protocolos, eran de laboratorios que muy amablemente colaboraban porque les gustaba la idea y las notas de interés eran realizadas por colaboradores del medio. La mayor satisfacción fue cuando una clienta me detuvo en la calle y me agradeció, debido a que con la revista había podido desarrollar mejor su trabajo, porque en la escuela que había estudiado nunca pudo comprender cómo combinar la aparatología con las maniobras manuales y los productos de laboratorio. Este tipo de gestos siempre fueron una fuente de motivación.

Una situación que me marcó en este sentido, fue cuando otra ex alumna también me detuvo en la calle y me expresó lo siguiente: Sr. Diego, quiero decirle algo. Quiero agradecerle por el curso que realicé en la escuela, por todas las posibilidades que me dieron y cuando me llamaron para decirme que me esperaban un tiempo con el pago de la cuota, y que no lo abandonara, ya que gracias a ese curso de depilación que realicé, ahora gano mi propio dinero y no tengo la necesidad de seguir haciendo trabajo doméstico y soy independiente.

Ese fue uno de los momentos en donde comprendí la responsabilidad social que había detrás de la formación en el sector que yo pretendía desarrollar y me di cuenta de lo importante que era formar en serio a las personas, no sólo cobrarles una cuota mensual.

LA EVOLUCIÓN

En el año 2008, comencé a desarrollar algunos cursos nuevos, debido a que desde la casa central de Buenos Aires, no existían muchas novedades o innovaciones y aunque parezca difícil de comprender, más allá de que era una franquicia, todas las actualizaciones de contenidos, material gráfico y merchandising, debía hacerlo yo, con el conocimiento disponible en ese momento.

Fue así que desarrollamos algunos cursos de actualización para la estética y la cosmetología, como aparatología aplicada y gestión en centros de estética y spa.

Éste último, lo comencé a dictar en una de las escuelas, debido a que muchas de las alumnas que egresaban no tenían herramientas para desarrollarse en el mercado, e interpreté que era una buena oportunidad para formarlas comercialmente, debido a que en el curso de 9 meses, no existía posibilidad de acercarles ese conocimiento.

El curso fue tomado por un grupo de 10 alumnas y tuvo buena repercusión. A tal punto, que en el 2009 fui convocado por la Universidad Empresarial Siglo 21, de la ciudad de Córdoba para transformar este curso en una Diplomatura en Administración de Centros de Estética y Spa.

Cuando me convocaron, mi respuesta fue: "sí, claro. Pero yo no soy nada, es decir, no soy contador ni licenciado en administración", y la respuesta de los que me convocaron fue: "no importa, usted sabe de lo que habla, tiene experiencia y una diplomatura la dicta cualquier persona que tiene conocimiento comprobable en la materia, ya que es un curso superior".

Se dictó la diplomatura en donde cumplía el rol de director y profesor de la misma, debido a que la había armado en función a los estándares que me solicitaron.

Inicié la diplomatura, al mismo tiempo que seguía gerenciando las dos escuelas y el beauty shop con todo lo que ello significa, pero era de mi agrado así que no era demasiado trabajo. Al cabo de 4 meses la diplomatura terminó y ya quería que comience otra, por lo que me reuní con las autoridades que lo habían solicitado anteriormente, y llegamos a la conclusión, de que si promocionábamos esta diplomatura dictada en la universidad en los folletos de nuestra escuela, íbamos a tener muchos más alumnos, ya que nuestra campaña publicitaria incluía 100.000 folletos entregados en mano. Folletos que me encargué de diseñar personalmente durante 12 años y con innovaciones interesantes, ya que por ese entonces, toda la folletería de la competencia era sólo un pedazo de papel de mala calidad, que al recibirlos en las manos, uno no sabía si le estaban ofreciendo un curso de belleza o una oferta de pollo con papas fritas.

A comienzos de 2009 ya había 150 interesados en realizar la Diplomatura en Administración de Centros Estética y Spa. En ese momento, no entendía nada, pensé que era una un error en la información que me habían enviado desde la universidad, pero luego lo corroboraron, y era cierto. Había muchas profesionales interesadas en formarse en ese curso, perdón, diplomatura, que yo había desarrollado. Enseguida me puse a convocar a otros profesionales para que me ayudaran, porque con ese número de interesados no iba a poder cumplimentar las exigencias.

Era algo muy lindo para que realmente se materializara. A los 15 días, recibo la noticia de que la autoridad y fundación que tenía terciarizada la formación en aéreas de salud, que me había convocado para dictar la diplomatura, había roto su contrato y todo lo que se dictaba a través de ellos, no se iba a ofrecer más y le darían de baja en la oferta académica de la universidad.

Mi desilusión y enojo fue tan grande, que comencé a indagar y a investigar cómo se creaba un Instituto de Nivel Superior oficial, para el dictado de carreras afines a la estética y la cosmetología, que por ese entonces no existían en la Argentina. Y me retrotrajo a esa pregunta recurrente que realizaban las interesadas en realizar un curso de manicuría de 4 meses, hace unos 7 años atrás, sobre la oficialidad de los cursos.

De algún modo, intuía por mi trabajo y viajes realizados, que en algún momento se iba a comenzar a exigir a nivel legal, que una cosmetóloga o una esteticista debía comenzar a formarse a nivel técnico superior y con una carrera interdisciplinaria y aval oficial. Intuición que sólo la comprendía yo, por el hecho de que nadie por ese momento ni si quiera lo planteó y el único que lo comprendió y se animó a apoyarme fue mi padre, creo yo, por el trabajo que venía realizando.

De este modo, convencí a mi padre de lo que se venía en el sector, ya que en cualquier momento alguna profesional iba a cometer un daño a la salud, o bien el mismo sector lo iba a requerir. Logré el apoyo y arranqué.

Así fue que contraté una consultora en esta materia, para desarrollar un proyecto educativo de nivel superior, dirigido exclusivamente a la estética profesional. Fueron 2 años de trabajo en escritorio, con una reunión semanal de 3 horas, mitad del 2009, todo el año 2010, y primera mitad del 2011.

El trabajo estaba enfocado, en construir 3 carreras que proporcionen a la futura profesional, todas las herramientas para permitirle desarrollar su trabajo, que en un curso de 9 meses no podía adquirir. Las carreras eran: Técnica Superior en Estética Corporal, Técnica Superior en Cosmetología y Técnico Superior en Podología. Ésta última ya existía, así que nos enfocamos en las primeras dos.

Durante estos dos años, mientras seguía gerenciando las escuelas mencionadas anteriormente, se desarrollaron contenidos específicos, cargas horarias, planificación académica, proyecto educativo institucional, y todo lo que la consultora consideraba que era necesario.

Me solicitaron que creara una Fundación, la cual iba a ser la que presentara el proyecto educativo ante las autoridades pertinentes, que consiguiera una infraestructura apta para tal proyecto, esto significaba que la entidad que regula la Educación Superior Privada, tiene exigencias puntuales para el funcionamiento de una institución superior, por ejemplo.

- 350 mt2 de superficie mínima

- Sanitarios para damas y caballero por separado

- 50 mt2 de patio para recreación

- Contar con dependencia como: secretaria, dirección académica, biblioteca, sala de profesores

- La infraestructura debía estar alejada de ruidos molestos y cuarteles al menos unos 300 mts.

- Alejada de basurales, mataderos, fábricas peligrosas o contaminantes, al menos unos 500 mts.

- Y varios ítems más

Y una serie de requisitos con los cuales no voy a aburrirlos, pero en definitiva, conseguí el lugar, allí funcionaba una escuela provincial.

Pasó el tiempo y ya existía esta nueva institución, teníamos todo, y en el mes de marzo de 2011, iniciamos los primeros cursos relacionados al sector con una duración de 2 años, una frecuencia de dos días a la semana y una carga horaria de 3 horas por día.

La oferta académica comprendía: Estética Profesional y Cosmetología Profesional. No podíamos llamarle tecnicaturas porque no lo eran. La respuesta fue muy buena ya que se inscribieron 20 alumnas, que si lo comparábamos con cursos regulares, éstas 20 representaban 80, por la duración y la carga horaria.

El tiempo fue pasando y yo seguía, con la idea de ir más allá, así que inmediatamente inicié el proyecto de certificar Normas Internacionales de Calidad ISO 9001 2008, para nuestro proyecto educativo. Hecho inédito para el sector, en Córdoba, Argentina y Latinoamérica. Pero la idea era demostrar que íbamos en serio, y al tener un sistema de calidad que nos exigía controlar los procesos educativos propios, era como un autocontrol, para realizar de manera excelente nuestra tarea, además de exigirnos una mejora continua en el proceso.

Esto se puede traducir en que cualquier innovación que existiera en el sector, debíamos incorporarla, para beneficio de nuestros alumnos y nuestra comunidad educativa.

Luego comprendí que ninguna alumna tenía conocimiento sobre qué era una norma de calidad internacional, pero bueno, en ese entonces era una herramienta interna que nos hacía diferentes en términos de calidad.

Inicia el año 2012, con un aumento del 500 % en el alumnado, al parecer ya había muchas futuras profesionales que deseaban estudiar en serio y con mayor compromiso, y en ese mismo inicio del año lectivo, obtuvimos la certificación internacional. Lo que nos permitió comenzar a llevar nuestra filosofía de formación a otros países, los cuales nos convocaban a congresos para dictar disertaciones sobre lo que en ese momento comencé a llamarle Profesionalización Responsable de la Estética y la cosmetología en Latinoamérica.

Muchos de estos países veían con agrado el concepto que habíamos desarrollado y deseaban comprenderlo. Fue allí que comenzó mi etapa de disertante, que con mucho gusto llevé adelante y me llenó de satisfacción poder compartir lo desarrollado en congresos y ferias de Latinoamérica, pero lo más gratificante fue el agradecimiento de las profesionales de Panamá, Colombia, Chile, Uruguay y República Dominicana, en donde la humildad con la que reciben una opinión, no tiene comparación con el país en donde surgió este proyecto y movimiento de profesionalización.

Otra de las sorpresas en ese periodo fue la aceptación e identificación que tuvieron muchos profesionales que pertenecían a uniones internacionales o asociaciones de otros países, que compartían el mismo concepto de cambio y profesionalización. Allí comprendí que la idea que surgió en el 2009 no era tan descabellada y que yo no estaba tan demente como pensaron muchos en ese momento, ya que la frase más recurrente por ese entonces era: para qué estudiar estética en dos años, si hay cursos que duran 6 meses.

En el año 2010 surge la primera Ley de Cosmetología en Córdoba, que exigía una regulación y formación técnica superior para ejercer la actividad en cosmetología y cosmiatría. De algún modo se iba cumpliendo todo lo que había proyectado que iba a ocurrir en el sector, pero nunca pensé que se daría de manera tan rápida.

El proyecto educativo lleva 4 años, y desde su inicio fue atacado por algunos sectores y personas que quizás vieron en él una suerte de amenaza a la normalidad, o a la forma de desarrollar un sector. Inclusive tuvimos que atravesar por muchas situaciones e inconvenientes que afectaron el ideal de formación que planteamos desde el inicio.

Puntualmente, uno de los problemas más graves, fue que la consultora contratada para realizar las gestiones legales y formales del proyecto, nunca cumplimentaron su tarea, lo que ocasiono un daño legal y económico muy grande. Y se tuvo que iniciar todo el proceso formal nuevamente.

Personalmente creo que *"Uno puede tener una visión innovadora sobre un sector, puede calcular y planificar meticulosamente todo el proceso, pero siempre puede existir algún imponderable que pretenda tirar por tierra todo el proyecto. Y es en ese momento que lo único que te mantiene en pie, además del apoyo de familiares directos, es ser consecuente con lo que uno piensa y profesa"*

Diego Tomatis

Capítulo 2

Por qué profesionalizar el oficio de la estética y la cosmetología

Conceptos previos

Oficio:
- Actividad artesanal.

- Trabajo físico o manual para el que no se requieren estudios teóricos.

- Ocupación habitual.

Profesión:

- Ocupación que requiere de un conocimiento especializado, una capacitación educativa de alto nivel, control sobre el contenido del trabajo, organización propia, autorregulación, altruismo, espíritu de servicio a la comunidad y elevadas normas éticas.

Panamá, 2011. Primer disertación sobre profesionalización responsable

Cuando nos planteamos la necesidad de profesionalizar un sector, generalmente desarrollado por personas formadas empíricamente, en este caso, la cosmetóloga y la esteticista, lo primero que debemos preguntarnos es el porqué, si hace más de 50 años que se viene desarrollando la actividad, sin mayores problemas, y además ningún organismo de control lo está exigiendo. POR EL MOMENTO.

La primera respuesta a esta pregunta, puede comenzar de la siguiente manera: se profesionaliza un sector, cuando el nivel de formación actual está careciendo de fundamentación científica y contenidos interdisciplinarios.

Qué significan estos conceptos; se refieren básicamente a que una cosmetóloga o esteticista debe conocer y comprender por qué un principio activo actúa sobre la piel o dentro de ella, causando el efecto deseado, por qué el ácido que va a utilizar para realizar un peeling debe tener un PH correcto, o mejor dicho, por qué es más importante el PH de un ácido y no su porcentaje de formulación.

Del mismo modo, una esteticista debe comprender en profundidad cuáles son los efectos de un radio frecuencia, un electro estimulador, un electroporador o un cavitador, y cuando digo en profundidad, me refiero a no haberlo leído en el manual de uso de la empresa que le vendió el equipo, o haber asistido a una jornada auspiciada por una empresa de aparatología, que por esas cosas del destino, deseaba venderle un equipo.

Ella debe comprender los efectos fisiológicos que estos equipos producen en el organismo. Y todas las contraindicaciones que pueden surgir al utilizarlos de una manera que no sea la apropiada, algo que en un taller de 3 horas no se logra comprender en profundidad, y menos aun cuando cada empresa de aparatología tiene su propio librito, y realiza una explicación en función a lo que venden

La única manera de que estas profesionales comprendan estos efectos, es tener el conocimiento adquirido a través de una formación previa. Esta formación previa, la del estudio de anatomía, la fisiología y la química, se supone que ya está adquirida con anterioridad a participar de una jornada o taller.

Hasta aquí es bastante obvio lo que comento, pero resulta que no es tan obvio como parece, ya que el 90 % de las profesionales, no poseen ese conocimiento, sencillamente porque nunca tuvieron la oportunidad de estudiarlo. Cómo es esto, si son profesionales; podríamos preguntarnos, y la respuesta es sencilla: el 90 % de las profesionales actuales no estudiaron más de 9 meses un curso, con una frecuencia de una vez a la semana, de 3 o 4 horas por día. Esto nos da como resultado 36 clases de estudio, con una carga horaria total de 144 horas aproximadamente, en 9 meses de estudio

Con este ejemplo de formación, que es el 95 % de la oferta académica de la Argentina y la mayoría de los países de Latinoamérica, podemos comenzar a comprender, el porqué de la necesidad de profesionalizar el sector. Que no es otra cosa que elevar los contenidos formativos y las exigencias académicas.

Pero hay algo más importante, supongamos que una profesional estudio por más tiempo, por ejemplo 18 meses, pero con un solo docente a cargo de todos sus estudios, llamémosle la profesora Rosa. Esta profesora, que dicta clases porque hace mucho tiempo que es esteticista y le apasiona lo que hace, le transmitió todos los conceptos que la alumna necesita de la siguiente manera. Le enseñó conceptos de piel, nociones de masoterapia, baño de parafina, maniluvios y pediluvios, uso correcto de la manta térmica, aplicación de principios activos para P.E.F.E, tratamientos reductores, tratamientos anticelulíticos, correcto uso y llenado de la ficha del cliente, y toda la aparatología necesaria para ser esteticista.

En esta instancia podríamos preguntarnos, una docente puede enseñar tanto. La respuesta es: sí, claro, o por lo menos lo enseña como ella lo sabe. El problema de esta formación, es que no existen contenidos interdisciplinarios y por otro lado, todos los contenidos son dictados por la misma docente, que quizás de piel no conozca mucho, pero como colgó una lámina muy gráfica en el pizarrón, le fue sencillo explicar las capas de la piel e inclusive los bio tipos cutáneos.

Uno de los principios de profesionalizar un sector, es comenzar a enseñar con contenidos interdisciplinarios y con especialistas o profesionales en cada área del conocimiento, esto significa, que el docente que enseña sobre el cuerpo humano, la piel y sus órganos, no puede ser una esteticista, mínimamente debe ser un kinesiólogo o fisioterapeuta, con conocimientos en anatomía y con mucha suerte, si tenemos la posibilidad que sea un médico, por el solo hecho de que este tipo de profesionales, son los más indicados para transmitir esta clase de contenidos

Para el dictado de conocimientos en química o principios activos, necesitamos un técnico o licenciado en química, que no se basa en la crema A, B o C. Los conocimientos que transmite están basados en una tabla periódica de elementos, y además tiene las herramientas para explicarle a los alumnos de por qué actúan los principios activos.

Para transmitir conocimientos en aparatología, se requiere de un docente que además de tener experiencia, posea los conocimientos técnicos de la aparatología. Quizás aquí podamos preguntarnos, pero si no existen técnicos en aparatología, es posible que no tengan ese título. De hecho no existe, pero hay muchos profesionales de otras áreas que se han especializado en el uso y contraindicaciones de la aparatología aplicada, ellos están bien formados para esa tarea.

Cuándo profesionalizamos un sector

Lo que estamos "pretendiendo, es lograr **eficiencia y responsabilidad laboral**". La eficiencia es lograr los resultados esperados, en nuestro caso, básicamente significa que si aplicamos una crema, la cual tiene efectos reductores, lo mínimo que esperamos es que reduzca la zona a tratar; pero si nos enseñaron en el curso que debíamos aplicar la crema A, con la B y una pisca de la C., que casualmente la podemos comprar a la salida del aula y tenemos la mala suerte de que esa marca de cremas, en determinado momento, no existe más en el mercado o cambió de distribuidor y nos queda lejos para ir a comprarla. Quizás tengamos un problema para realizar el tratamiento metódico como el que nos enseñaron. Esto puede causar gracia, pero acontece más de lo que uno piensa e imagina,

De allí surge la necesidad de que una esteticista conozca de principios activos en general, independientemente de la marca de la crema que le enseñaron a usar. Eso es eficiencia en la profesión, no depender de una marca más allá de que le guste mucho, o le hagan regalos a las profesionales que las compran, o le obsequien un bello poster para decorar su gabinete.

La eficiencia también la logramos cuando tenemos un conocimiento amplio de cómo funciona la aparatología y no nos dejamos llevar por siglas marketineras impresas en los equipos, como 40 Mhz o 3000 de potencia, o lo que es peor, el peso que ellos tienen.

Parece extraño, pero conozco fabricantes de aparatología que tienen que ponerle peso adicional a los equipos que fabrican porque, de otro modo, las clientas piensan que los equipos no son de buena calidad. Al parecer, en alguna escuela o en alguna jornada técnica, alguien les transmitió que el peso de un equipo es directamente proporcional con su calidad.

Más allá de las técnicas de manufactura de cada empresa, lo más importante de un equipo, son sus circuitos integrados y sus placas, que no pesan nada, su bajada a tierra, sus normas de seguridad y de calidad INTERNACIONAL ISO 9000, 14000, si es que las tienen y que realmente hagan lo que dicen que hacen; independientemente del tamaño, volumen, peso o procedencia.

La **responsabilidad laboral** podemos medirla pensando en el supuesto de que *sabemos lo que hacemos y pensamos que sabemos, porque así nos enseñaron a hacerlo.*

Pero como no existe un estándar o un protocolo estandarizado para todas las actividades que desarrolla una cosmetóloga o una esteticista, quizás, no estemos realizando un buen trabajo, sino tenemos la seguridad del conocimiento adquirido, y cuando me refiero a un protocolo, no me refiero al protocolo que nos regala un laboratorio que consta de 14 pasos para realizar una limpieza facial, que por casualidad todos los pasos debo hacerlos con los productos de la misma marca.

Más allá de la ironía, los laboratorios fueron los primeros en estandarizar los protocolos paso a paso que facilitaron el trabajo de las profesionales, aunque en las escuelas pretendían venderles sólo lo que ellas comercializaban, pero del mismo modo, quitan opciones de productos a utilizar y aquí una vez más retomamos el concepto de **eficiencia**, y le sumamos en de **eficacia**, que significa, lograr el objetivo pero a un menor costo, entre otros conceptos.

Si el profesional, posee los conocimientos en principios activos, puede basar su tratamiento en un protocolo de la marca X, pero no necesariamente tiene que utilizar todos los productos que en esa lista aparecen, quizás pueda utilizar otra marca, posiblemente no tan conocida, pero que contiene el principio activo que se requiere. Es allí donde comienzan a surgir los conocimientos adquiridos, y lo más importante, el razonamiento que cada profesional realiza, para obtener los resultados deseados, eso también es responsabilidad laboral en la profesión.

También podemos responder a la pregunta que nos hicimos al inicio de este capítulo con la siguiente premisa, debemos profesionalizar el sector porque necesitamos **mejores prácticas y mejores resultados,** esto sólo se logra comprendiendo todos los conceptos desarrollados anteriormente.

Ninguna profesional desea que su tratamiento no dé resultado, esto es de suponerse, pero si muchas profesionales no obtienen resultados, el único damnificado es el sector, ya que los clientes, al tener malas experiencias y malos resultados, van a comenzar a desconfiar del trabajo de una esteticista o una cosmetóloga, y lo que es peor, van a pensar que todas las profesionales son iguales como suele suceder, y comenzarán a aplicarse tratamientos cosméticos de productos masivos ellas mismas.

"Siempre que *un sector que está en auge o en crecimiento y a la vez está directamente relacionado a la estética, las consumidoras van a optar por comprar una crema de venta masiva en la farmacia o en el supermercado, ya que al fin de cuentas, tiene el mismo precio que una sesión de cosmetología, y además les da tranquilidad porque la vieron en la tele.*"

Realmente esto es lo más importante a tener en cuenta, proteger el sector profesional, y una manera de cuidarlo es comenzar a profesionalizarlo para que nuestros clientes no estén en manos de pseudos profesionales de la estética y mucho menos en profesionales de otras áreas, que no han sido formados para embellecer.

La respuesta más importante a nuestra pregunta inicial, considero que es la siguiente, en necesario profesionalizar el sector para obtener un **reconocimiento social.**

Desde hace más de 50 años, el sector de los profesionales de la estética y la cosmetología han sido formados empíricamente por otros profesionales y por escuelas o instituciones que se dedican a la educación.

Del mismo modo, al ser una formación empírica, los profesionales que desempeñan su trabajo de manera responsable, generalmente no son vistos como tales, por el hecho de que no han tenido una formación superior o formal.

Este es un error por parte de los consumidores, ya que toda nueva profesión no inicia desde cero con una carrera de nivel superior o terciaria. Más allá de que sea oficial o no, las carreras se van creando a medida que se va viendo la necesidad de profesionalizar un sector en particular, como ha ocurrido con muchos oficios y actividades.

Siempre que hay un boom de consumo, como en el sector de los servicios de estética y cosmetología, que crece al 20 % anual. Hay personas que ven la oportunidad de desarrollarse y tener un ingreso trabajando y prestando servicios estéticos, sin ni siquiera tener los conocimientos mínimos y básicos, ni las herramientas de formación adecuada.

Esto no es para asombrarse, ocurre en todos los sectores, lo que sí nos tiene que asombrar, es la liviandad y la poca responsabilidad que tienen algunos profesionales para ejercer su trabajo manipulando aparatología y productos qu**ímicos peligrosos para la salud de las personas que ellos llaman**

pacientes. Para aclarar un concepto, un paciente es una persona que padece de una enfermedad. A la esteticista o cosmetóloga no acude nadie con enfermedades, por lo cual no son pacientes, sino clientes.

Cuando hablamos de la necesidad de profesionalizar el sector de la estética y la cosmetología, lo que se busca es enaltecer la profesión, y sólo se puede profesionalizar un sector ofreciendo programas educativos acordes a los tiempos actuales, delimitando los campos ocupacionales para no caer en el intrusismo, hecho que afecta a la profesión, ya que el consumidor final de los servicios estéticos no tiene conocimiento de lo que puede hacer o no un profesional de la estética y la cosmetología.

Tampoco es responsabilidad del consumidor tener este conocimiento, es responsabilidad de las instituciones educativas, Ministerios de Salud, Asociaciones y Uniones Internacionales, que además de tener esta responsabilidad, deben trabajar para el mismo objetivo: homologar contenidos y delimitar el campo de acción.

Para llevar adelante una profesionalización de manera responsable, se deben proponer programas de estudios superadores, interdisciplinarios y con cargas horarias acordes a una formación técnica superior. Más allá de las leyes vigentes en cada país, el proyecto educativo debe demostrar y fundamentar la necesidad de la profesionalización y la adecuación de los programas existentes a la realidad de cada país en donde se requiera una reglamentación de la actividad.

Debemos comprender que la Estética y la Cosmetología no son más un hobby, son profesiones que están comenzando a homologarse en todo el mundo y de este modo legitima a las personas que han decidido hacer de ellas, su medio de vida.

Sin dejar de lado a las pioneras en la materia, que se han formado de manera empírica ya que era la única opción de capacitarse.

Debemos comprender también que una esteticista o una cosmetóloga, están evitando que una persona ingrese a un quirófano para realizarse un lifting facial o una liposucción, y digo evitando, porque el trabajo que están realizando estas profesionales dilatan la decisión de realizarse una operación estética, por el solo hecho de que los resultados obtenidos, gracias a los productos y aparatología que están utilizando, son excelentes.

Hace mucho tiempo atrás, la esteticista y la cosmetóloga, era una persona que realizaba limpieza de cutis, tratamientos sencillos y masajes reductores o descontracturantes los fines de semana, o cuando tenía tiempo libre, generalmente a sus amistades. Es decir, era un oficio como tantos otros y porque no un hobby también. El tiempo fue pasando y esta profesional fue requerida cada vez más por los resultados obtenidos.

El mercado creció, de la mano de tendencias como el culto al cuerpo, la vida sana, el wellnnes y la necesidad de verse y sentirse bella. En realidad el mercado no creció, literalmente explotó. Algunos dicen que se puso de moda, y en realidad no es una moda como las canchas de paddle o las camas solares; es una tendencia que sigue creciendo, y tiene como partícipes fundamentales a las profesionales de la estética, que durante mucho tiempo fueron las trabajadoras del back ground o del sub mundo de la belleza corporal.

Si el sector logra comprender lo que esto significa, es decir, establecer un trabajo protocolar, reglado, reglamentado y controlado por las autoridades encargadas de velar por la salud

de los consumidores, el reconocimiento social viene por aña-
didura.

Como sucedió en tantas otras profesiones que se desarrollaban empíricamente, como el ejemplo de los martilleros, rema-
tadores, corredores inmobiliarios, informáticos, y tantos otros
oficios.

Capítulo 3

CLAVES PARA CONSTRUIR UNA FORMACIÓN PROFESIONAL

Qué está pasando en Argentina, Latinoamérica y en el mundo con el sector de la formación

En Argentina existen alrededor de 1000 escuelas dedicadas a la formación en belleza. Cuando decimos belleza, nos referimos a que estas escuelas imparten cursos de formación empírica referidos a Estética Corporal, Cosmetología, Maquillaje, Peluquería, Depilación, Manicuría, Terapias alternativas como Reflexología, Digitopuntura, Auriculoterapia, y 20 cursos más.

En muchos casos, estas escuelas no son especializadas en belleza. Esto significa que son instituciones dedicadas a la formación en general, y con ofertas académicas dirigidas a las mujeres. En su oferta académica podemos encontrar:

- Secretariado ejecutivo

- Asistente contable

- Moldeado de porcelana fría

- Muñeca country

- Asistente de maestra jardinera

- Pintura en tela

- Tejido con punto crochet

- Corte y confección

- Depilación

- Estética

- Cosmetología

- Peluquería

Hasta aquí no habría ningún problema, ya que son cursos de formación profesional y de rápida salida laboral, tema que desarrollaremos extensamente en otro capítulo. El problema radica en que los contenidos de los cursos relacionados a la estética y la cosmetología, son seleccionados arbitrariamente por algún director o directora de esta institución, que a la vez no disponen del conocimiento necesario para tal fin, es decir, el conocimiento que se requieren para ejercer la cosmetología o la estética. Y de algún modo, como son cursos dirigidos generalmente a la mujer, al igual que los otros que poseen en su oferta académica, no se detienen mucho a realizar una planificación académica al respecto y tampoco se toman el tiempo de indagar qué hace una cosmetóloga, cuál es su campo ocupacional o el perfil profesional que se requiere en el sector. Porque consideran que la actividad en estética es un hobby más, como el moldeado de porcelana fría.

Esto se puede ver cuando se lee el programa académico y nos encontramos con el siguiente pensum o malla académica, por decirlo de algún modo. Sobre un curso de cosmetología, o en realidad, lo que esta institución le llama cosmetología.

Unidad 1. Tipos de piel

Unidad 2. Limpieza de cutis

Unidad 3. Depilación corporal

Unidad 4. Belleza de pies

Unidad 5. Manicuría

Unidad 6. Maquillaje social

Unidad 7. Tratamientos reductores

Unidad 8. Uñas esculpidas

Unidad 9. Tratamientos para pieles secas

Con este ejemplo, lo que pretendemos evidenciar es la falta de conocimiento del sector, de algunas instituciones que están en el mercado de la formación, y la gravedad de esto está sustentada en que hasta el momento en todo el territorio de la Argentina, no existe una ley nacional de formación profesional en estética y cosmetología, sólo un caso en el Chaco, otro en la provincia de Córdoba y recientemente, la sanción de una ley en provincia de Santa Fé.

De este modo, al no existir un parámetro, no existe una homologación de cuál es el trabajo de una esteticista o una cosmetóloga y mucho menos una cosmiatra, más allá de la ley surgida en el año 2010, en la provincia de Córdoba.

En contraposición a este caso, tenemos también los ejemplos de estas 1000 escuelas de estética que mencionamos anteriormente, que si bien su oferta académica está orientada al sector profesional de la belleza, tampoco poseen un programa académico para sus cursos de 9 meses en estética y cosmetología que esté homologado o reglamentado en el ámbito nacional, y mucho menos entre las mismas escuelas.

Entonces, desarrollan un contenido a su gusto o en función a lo que desean venderle a las futuras profesionales de la estética. Digo venderle, ya que de estas 1000 escuelas que existen en Argentina, el 90 %, poseen paralelamente una distribuidoras de productos profesionales y de este modo, las alumnas, al terminar la clase del día, se dirigen al mostrador a comprar lo que la docente les presentó en el curso.

Esta configuración de negocio, capacitación y venta, es lo que hoy propone el mercado de la formación profesional, y muchos futuros profesionales no tienen opciones. Quizás sea tiempo que el mercado de la formación evolucione en otros aspectos.

En Latinoamérica, la realidad no es tan diferente a la de Argentina, ya que en primer lugar, Argentina es un referente en fabricación de productos y equipos para el sector y también en la formación.

La diferencia puntual de Latinoamérica con respecto a la Argentina, es que aún no está demasiado desarrollada la formación profesional. Sólo países como Brasil, Colombia y Venezuela, poseen universidades que hace tiempo están incursionando en la formación estética. Existen algunos casos en Centro América también, pero están muy alejados de la necesidad de formación, más allá de que no existe una ley que las regule, y mucho menos, colegios profesionales que las amparen. Sólo en Brasil hay un movimiento muy fuerte llevado adelante por FEBRAPE, Federación Brasilera de Profesionales de la Estética, que le está exigiendo a la presidente Dilma Rousseff que apoye y firme la ley para el ejercicio de la actividad en estética y de este modo evitar que los kinesiólogos realicen un intrusismo inverso.

Hay casos muy exitosos como el de la Universidad AN-HEMBI MORUMBI, de San Pablo, en donde se está dictando la Tecnicatura en Estética y Cosmetología con una duración de 3 años, y ya hace 10 que lo vienen haciendo; también existe el ejemplo de la Universidad del Zulia en Venezuela o algunos institutos Terciarios en Colombia, Perú y Ecuador, que dentro de su oferta académica incluyen la estética y la cosmetología.

Pero del mismo modo, encontramos casos de universidades en Latinoamérica en donde su malla académica destinada a carreras de estética y cosmetología está compuesta por las siguientes asignaturas.

- Visajismo y colorimetría

- Matemática Aplicada

- Endocrinología

- Maquillaje

- Medicina Interna

- Farmacología

- Instrumentación quirúrgica

- Microbiología

- Estadística

- Epidemiologia

Esto es real y comprensible de algún modo, que una carrera universitaria tenga que contener asignaturas como estas y en algunos casos asignaturas humanísticas o teológicas, en función a la ideología de la casa de estudios. Pero considero que la mezcla de conceptos formativos que se realiza en muchos casos, es sólo para agregar contenidos y llenar horas cátedra para llegar al objetivo de la carga horaria exigida por algún Ministerio de Educación. Ya que personalmente no considero que una alumna requiera conocer sobre estadística o instrumentación quirúrgica, para realizar su trabajo en estética.

Pero cuando nos referimos a cursos de formación, en Latinoamérica está muy distorsionada la formación y la información que se les da a las interesadas en formase profesionalmente. En muchos países se relaciona la estética con la medicina, y lo que es peor, muchas futuras profesionales piensan que si no son médicos o kinesiólogos, no podrán dedicarse a esta actividad. De hecho muchas personas estudian kinesiología para luego dedicarse a la estética, ya que no poseen otra oferta académica más cercana a lo que realmente desean estudiar, algo que dista mucho de la realidad.

No obstante, cuando nos referimos a la formación empírica, hay casos como República Dominicana, en donde sus peluqueras son consideradas unas de las mejores del mundo, o el ejemplo de las manicuras de Venezuela y Colombia, que realizan trabajos excelentes, muchas veces dado por las exigencias del mercado o por los usos y costumbres locales.

Otro ejemplo interesante, son las maquilladoras de Santa Cruz de la Sierra, Bolivia, que es uno de los lugares en donde más se consume maquillaje per cápita de Latinoamérica, y si bien no existen muchas escuelas profesionales en maquillaje, toda clienta que va a una peluquería a retocarse el cabello, antes de retirarse la maquillan, y ya está incluido en el precio. Ninguna mujer en Santa Cruz de la Sierra, sale de la peluquería sin maquillaje, nadie.

Es cierto que hay profesionales en toda Latinoamérica que realizan su actividad a conciencia y son expertos en lo que hacen, pero muchas veces no tienen un parámetro para realizar su trabajo, y lo que es más importante, ***cuáles son sus límites en la profesión***, ya que no está escrito en ningún lugar, o dicho de otra manera no existe una reglamentación latinoamericana y mucho menos internacional, como en otras profesiones homologadas, los limites sólo los fijan ellos, a conciencia.

Para referirnos a qué está pasando en el mundo con respecto a estas profesiones, debemos citar a tres países que han sido pioneros en esta materia, aunque no lo desarrollaron en profundidad.

El Caso de Italia, en donde para ser peluquero, generalmente se exige un estudio de 3 o 4 años, y un futuro peluquero, tiene la oportunidad de realizar prácticas en una cabeza humana, recién a los dos años de estudio.

El caso de España, que comenzó a reglamentar la actividad e inclusive le dicen y le obligan, al futuro profesional que desea instalar un gabinete de estética o un salón de belleza, dónde puede instalarlo geográficamente, para no afectar el trabajo de un colega.

El caso de Estados Unidos, que generalmente, nosotros los latinos pensamos que allá se hace todo bien, recién en este año están llevando adelante una campaña para que todos los profesionales de la belleza tengan una licencia para trabajar. Esta campaña la está promulgando Tamara Johnson con sede en Atlanta, inclusive ha llegado a movilizar el Congreso para lograr esta licencia —pueden ver más información en www.politicsbeauty.org y en www.flcbp.org—.

De hecho, Latinoamérica está mucho más avanzada en este concepto de profesionalizar el sector ya que en USA, no existen tecnicaturas en estética o cosmetología. Teniendo en cuenta que para estudiar Cosmetología en Miami por ejemplo, debemos pagar unos 15.000 dólares anuales el curso de 9 meses, en lugar de 100 dólares mensuales que cuesta en promedio en Latinoamérica, en el que vamos a comprender conceptos de cosmetología, maquillaje e inclusive peluquería, ya que allí entienden que la cosmetología, también debe incluir cuestiones de peluquería, y una mezcla de otras actividades relacionadas a la belleza.

Retomado lo que acontece en Argentina, más allá de esta oferta académica de formación empírica, hace ya 2 años, las universidades vieron que se estaba requiriendo en el mercado una formación técnica superior en estética y cosmetología.

Comenzaron dictando diplomaturas, en dermatocosmetica, que son sólo cursos superiores, de 9 meses de duración, dirigidos generalmente a un público bastante amplio, como esteticistas, manicuras, depiladoras, peluqueros, etc., y luego comenzaron a ofrecer las tecnicaturas.

Ya son varias las universidades que las ofrecen, pero nos encontramos con otro interrogante. Tampoco están teniendo una homologación entre ellas. Qué significa esto.

Tenemos una universidad que ofrece la Tecnicatura en Cosmetología y Cosmiatría por un lado, a mi criterio, excelente título que resume la actividad principal que tendrá ese profesional. Luego, el futuro profesional deberá indagar cuáles son los contenidos de esa malla académica y si son los que está buscando.

Tenemos otra universidad que ofrece la Tecnicatura en Cosmetología Facial y Corporal. En este caso, suponemos que desea que su futuro alumno comprenda conceptos faciales y corporales.

También tenemos una universidad, que ofrece, la Tecnicatura en Cosmetología, Cosmiatría y Estética, y todo esto en 2 años.

Al parecer las universidades consideran que la cosmetología y la estética es lo mismo, cuando la realidad nos dice que una esteticista se dedica puntualmente a tratamientos corporales y una cosmetóloga a tratamientos faciales en cara, cuello y escote. Y que sólo un 20 % o 30 % de las profesionales realiza las dos actividades. Esto puede deberse quizás, a que el concepto de cosmetología es muy amplio y uno de ellos es el cuidado de la piel sana, ya sea facial o corporal. Pero generalmente se asocia la cosmetología a los tratamientos en cara, cuello y escote. La estética corporal a los tratamientos corporales.

Considero que sencillamente se podría ofrecer dos tecnicaturas diferentes, una orientada a la estética y otra a la cosmetología, si tenemos en cuenta que muchas de las materias son iguales como anatomía, química o dermatología. Una estudiante podría cursar la Tecnicatura en Cosmetología y luego si le interesa la estética, podría cursar sólo las materias puntuales de esta tecnicatura, como drenaje linfático, masoterpia o aparatología aplicada. Como ocurre en una carrera de Contador o Administrador de Empresas, pasa citar un ejemplo.

Es un hecho que en Argentina, la oferta académica de parte de las universidades llegó para quedarse, por varios motivos, uno y el más importante es que las universidades están viendo que los futuros ingresantes no desean estudiar más 5 o 6 años para tener un trabajo, y en consecuencia, percibir un ingreso. Es un hecho, la oferta académica de carreras cortas está proliferando y más si se tiene en cuenta que alrededor del 80% de los profesionales en Argentina se reparten entre Abogados, Médicos, Contadores y Arquitectos, sólo un 20 % se reparte en la inmensa cantidad de profesiones existentes.

Esto nos recuerda que al menos en Argentina, todavía está muy arraigada esta cultura de M' hijo El Dotor, libro del uruguayo Florencio Sanches, en donde relata entre otras cuestiones, en esa época, allí por el 1900, en donde las familias hacían esfuerzos increíbles para que sus hijos sean doctores, arquitectos o abogados, para que de este modo logren una movilidad social y accedan a mejores ingresos que sus padres y a la vez sea alguien en la vida.

Esta cultura, si bien sigue muy arraigada en función a la cantidad de ingresantes que tienen las facultades como medicina en Córdoba, alrededor de 3000 personas, de las cuales ingresan 600 , de a poco está cambiando, debido a que los jóvenes están percibiendo el hecho de que para comenzar a obtener un ingreso por su profesión, tendrán que estudiar al menos durante 10 años, en el mejor de los casos, de medicina con la especialización y residencia incluida y comenzará a percibir un ingreso de entre $5000 y $7000 pesos argentinos, en el mejor de los casos también.

Pero tenemos otro ejemplo, el de un oficio, como la Manicuría en donde la profesional estudia 3 meses un curso, luego se especializa en uñas esculpidas y gelificadas con una duración de 2 meses más. Es decir, en 5 meses inicia su actividad, si tenemos en cuenta que desea trabajar sólo 3 días a la semana, y realiza 6 trabajos de uñas esculpidas a la semana con un precio de $300 cada trabajo, obtendría $1800 a la semana o $7200 al mes. El ingreso es el mismo, con la diferencia de 9 años y medio de estudio. Con este ejemplo, sólo deseo demostrar que el sector de la belleza profesional está creciendo y la instrucción necesaria para ingresar, en muchos casos, es sencilla.

El segundo motivo, es que existen pocos terciarios que ofrezcan esta oferta académica especializada en estética y cosmetología, y los terciarios que lo hacen, tienen poco conocimiento del sector, sólo lo ofrecen porque ya son una institución acreditada a la educación formal y ofrecen una carrera nueva, en función a lo que esta demandado el mercado. La mayoría ofrece carreras como enfermería, acompañante terapéutico, logística y distribución, técnico en mecánica dental, técnico en operaciones aduaneras o técnico en actividades físicas, no les cuesta nada, les es muy sencillo presentar un programa de una nueva oferta académica en los Ministerios de Educación Provincial o Nacional.

Luego los alumnos, una vez que ingresan y comienzan a estudiar y a hacer sus prácticas, se encuentran que las mismas deben hacerlas en un gimnasio y no hay camillas o aparatología especializada, y que sólo pueden ver cómo funciona un equipo, cuando algún docente consigue que alguna fabrica se lo preste para mostrarlo, sin mencionar los insumos de laboratorios básicos necesarios, como cremas y lociones.

En otros casos tenemos terciarios y universidades que dictan tecnicaturas en Podología, una actividad que también se está demandando cada días más, ya que una pedicura o esteticista del pie, no puede teóricamente realizar los trabajos que sí realizan los podólogos. Otra diferencia, es que una podóloga puede tener matrícula y una pedicura no, ya que está formada empíricamente a través de un curso. Pero lo sorprendente de estas tecnicaturas, es que sólo forman TECNÓLOGOS, es decir, mucha teoría y nada de práctica. Muchas de las aspirantes a ser podólogas, al segundo año de cursado, en forma paralela, inician un curso de pedicuría, para poder comprender qué es una caja de instrumental, un alicate recto o una pera de goma.

Parece raro esto que comento, pero tuve la oportunidad de ver profesionales recibidas de Técnicas Superior en Podología, que no poseen el conocimiento para extraer una uña encarnada o tratar un eloma, es por eso que ellas necesariamente tienen que realizar un curso práctico en pedicuría, para adquirir la experiencia en la práctica.

Lo paradójico, es que en la mayoría de los centros de salud para la tercera edad del gobierno, en el caso de Argentina, los llamados PAMI, sólo aceptan a podólogos para que trabajen y atiendan a muchos pacientes de la tercera edad. Piden podólogos y no pedicuros empíricos, porque se supone que poseen matrícula del Ministerio de Salud, y con ese numerito, quizás no tengan problemas legales. Ahora, que tengan conocimiento práctico o no, parece no importar mucho.

Esto no debería asombrarnos, el motivo es simple, en estos terciarios que se dicta podología también ofrecen carreras como márquetin, analistas de sistemas y diseño gráfico, Todas actividades en donde no es necesario disponer de un aula taller, equipada con sillones podológicos, tornos de mano e instrumental para que sus alumnos practiquen.

Esto se repite en todas las instituciones que no se especializan en nada, sólo dictan carreras terciarias porque son adscriptas a la educación oficial, es decir la que regula el Ministerio de Educación provincial o nacional de cualquier país de Latinoamérica. La especialización en la educación, no escapa a las leyes de competencia del mercado, en donde sabemos que alguien que ese especializa en algo, suele estar mejor preparado que alguien que tiene conocimientos acotados de varias cosas.

A modo de anécdota, en Panamá existe un terciario que además de dictar la carrera de electromecánica, técnico en odontología, especialista en logística, y enfermería; ofrece cosmetología y su pensum dista mucho de lo que una cosmetóloga requiere comprender en su formación.

En Perú existen institutos superiores que dictan Podología y no existe regulación ni ley que reglamente la actividad, e inyectan anestesia sin ningún problema, hasta que algún paciente le dé gangrena y pierda el pie, con suerte

Ahora bien, considero que está perfecto y celebro que las universidades y terciarios multipropósito incursionen en el sector de la estética y la cosmetología, ya que de este modo, están legitimando la actividad como nunca nadie lo hizo durante 50 años; pero debemos evaluar de manera exhaustiva su pensum, su malla académica y los docentes que llevan adelante los contenidos. Por qué digo esto, sencillo, porque las universidades, al igual que las instituciones multifunción que citamos anteriormente, también tienen una oferta académica de 30 carreras o tecnicaturas, y generalmente cuando se persigue la excelencia académica, al tener tantas ofertas educativas, se hace un poco difícil ser experto en un área que requiere conocimiento específico del sector, de hecho en Argentina ya hay universidades que están perdiendo matrícula, porque los estudiantes se están dando cuenta que no les están dando los conocimientos que allí fueron a buscar y también se están dando cuenta de que por más que la formación esté disponible en una universidad, ello no es garantía de conocimiento específico en la materia, muchas veces realizan sus estudios allí, por lo que significa estudiar en una universidad y el respaldo que quizás tengan por el título obtenido para desarrollar su actividad.

Quizás estos ámbitos de formación deberían realizar convenios con instituciones dedicadas de lleno a la actividad, para que de este modo se realice un proyecto a conciencia y en función a las necesidades del sector. El debate está planteado y las líneas de comunicación también.

Algo que las universidades se están olvidando, la mayoría, no todas, es que si bien su oferta académica está dirigida a las futuras profesionales, con edades de entre 18 y 25 años, existen miles de profesionales empíricas que no pueden ni podrán nunca, acceder a esa formación superior, con las cargas horarias que ellas exigen, porque su edad y responsabilidades cotidianas no se lo permiten. Estas universidades deberían contemplar un proyecto de nivelación y adecuación de contenidos obtenidos en escuelas empíricas, para que de este modo y a través de un examen de competencias, estas profesionales formadas años atrás, puedan acceder a un título universitario o de nivel superior, ya que muchas de ellas han adquirido sus conocimientos a través de cursos, jornadas, talleres, seminarios y congresos. Pero lo más importante de todo, es que representan a más del 90 % de las profesionales que están trabajando todos los días en el sector.

Muchas de ellas también, desde que realizaron su primer curso, nunca dejaron de perfeccionarse y de seguir deseosas de conocimiento y lo obtuvieron en donde pudieron, hace 10 o 30 años atrás no existían estas ofertas académicas. Estas profesionales empíricas son las que han sostenido en sector durante mucho tiempo, y las primeras que deben tener la oportunidad de acceder a nivelaciones, son justamente ellas. **Es allí cuando el concepto de profesionalización responsable de la estética y la cosmetología, comienza a comprenderse y a tener sentido ya que esa es la esencia.**

REINGENIERÍA EN LA FORMACIÓN ACTUAL. QUIÉNES QUEDARÁN EN EL MERCADO

En Latinoamérica existen numerosas escuelas e instituciones dedicadas a la formación en estética y cosmetología, muchas de ellas surgieron a través de un modelo sostenido por *particulares* y otras por ***instituciones*** legalmente constituidas para tal fin.

La diferencia entre estos dos modelos radica en que el primero, los particulares, eran y son profesionales de la estética que trabajaron durante mucho tiempo, y vieron la necesidad de formar a otros profesionales, por varios motivos, uno puede ser porque vieron el negocio de la formación, otro porque realmente tienen vocación para enseñar, o quizás descubrieron que era lo que les gustaba realizar como profesionales de la estética. Y es algo bastante loable, nadie puede prohibirnos enseñar, al contrario es una de las tareas más nobles que conozco. Pero, de allí a enseñar lo que uno considera necesario y fundamental para desarrollar la actividad, es algo muy diferente.

Generalmente, este modelo de enseñanza sostenido por particulares, carece de planificación académica, contenidos interdisciplinarios y de un proyecto educativo institucional, áreas muy importantes para el desarrollo de un plan de estudios.

Usted en esta instancia, podría realizarse la siguiente pregunta: ¿Qué tiene de malo que un plan de estudios carezca de estas áreas tan importantes, que por otro lado en mi país nadie lo exige, para dedicarse a la estética o a la cosmetología?

La respuesta es sencilla, una persona por más experiencia que posea en el sector, debe enmarcar todos los contenidos que desea impartir a los futuros profesionales dentro de un plan de estudios, acorde a las necesidades profesionales, ya que en muchos casos, sólo con el fin de hacer que la capacitación sea prolongada, es decir que dure 9 meses en lugar de 5 meses, para cobrar más mensualidades, se le incluyen al programa educativo, conocimientos que nada tienen que ver con la estética o la cosmetología.

Considero que estos proyectos educativos dictados por particulares, si es su deseo, deberían ajustarse a un plan académico de formación técnica superior, que más allá de los años que se exijan en cada país, entre 2 o 3, les brindaran las herramientas necesarias para darle una estructura más sólida a los conocimientos que desean impartir, ya que en un futuro muy cercano, la formación en estética y cosmetología, se homologará en todo el mundo, como sucede con otras profesiones, que si bien, el campo de acción es diferente por las leyes que rigen en cada país, hay un gran porcentaje de conocimiento que es el mínimo a considerar para ejercer una actividad fuera del país de origen.

Esta gran homologación llegará en algún momento, y sólo quedarán en el mercado educativo instituciones que demuestren que sus proyectos educativos son sólidos y consecuentes con lo que desean enseñar. Digo consecuente, porque muchas instituciones multipropósito no persiguen este objetivo, sólo se sostienen o amparan en los años de trayectoria o los avales ministeriales que poseen.

Muchas veces no hay que esperar a que los cambios se produzcan, a través de leyes o resoluciones ministeriales, uno debe adelantarse a estos cambios en la formación, y más aún cuando el sector o mercado lo requiere.

El sector que nos compete lo está solicitando hace tiempo, a través de exigencias de regulaciones y reglamentaciones a la actividad, pero no alcanza, ya que muchas veces, sus propósitos y necesidades son sólo escuchadas por asociaciones que nuclean la actividad, que no tienen llegada a los círculos de poder en donde se dirimen estas cuestiones.

A modo de ejemplo, que no nos sorprenda, que en un futuro cercano, rubros como la gastronomía, que de hecho es uno de los que más ha avanzado en la profesionalización de un oficio, comience a formar mozos, bartenders o garzones con una exigencia de 2 o 3 años de estudio, teniendo materias como idiomas —al menos 3—, protocolo de atención, amplios conocimientos en gastronomía y somelier, para poder asesorar a los comensales con la mejor propuesta en función a sus gustos u oferta disponible.

Podríamos preguntarnos, por qué estudiar 2 años para ser mozos. Sencillo, hay países en donde su ingreso por turismo es tan importante, que a los restaurantes que se instalan, ya les está exigiendo certificados de cursos realizados a los dueños y a los empleados, sobre gastronomía local, internacional y un amplio conocimiento en somelier, con el fin de asegurar una óptima calidad de servicios a los turistas.

O que se comience a exigir legalmente para la habilitación de los gimnasios, en donde se supone que un profesional de actividades físicas vela por la seguridad de las personas que realizan las actividades de musculación o aeróbicas, sea un Técnico Superior en Actividades Físicas y no sólo un Personal Trainner autoproclamado o autodidacta que realizó un curso de 6 meses.

Traigo estos ejemplos, en función a lo que está pasando con el turismo estético en toda Latinoamérica, en donde Argentina se ubica en el puesto número 7, teniendo como mayores exponentes en este mercado a Venezuela y Colombia. Donde llegan anualmente miles de turistas con un solo objetivo, practicarse una cirugía plástica, ya que la diferencia de costos con respecto a Estados Unidos y Europa es de hasta el 50 % más barato y luego de una recuperación, aprovechan el tiempo y conocen el país de destino que en muchos casos, el hotel y el city tour está incluido en el precio de la cirugía.

Está más que claro que una esteticista o cosmetóloga no realiza ni debe realizar cirugías plásticas, pero sí colabora y debe colaborar de manera interdisciplinaria con los médicos cirujanos plásticos, para realizar los trabajos post operatorios, como el drenaje linfático. Algo que los cirujanos no realizan ni realizarán nunca.

Entonces, ante este panorama latinoamericano, en donde la fuerza laboral de las esteticistas y cosmetólogas cada vez está más requerida, ¿vamos a seguir formándolas en un curso de 6 meses o permitiendo que una profesional no certificada por algún organismo de control realice un drenaje linfático post operatorio? Creo que es para pensarlo, si tenemos en cuenta lo mencionado anteriormente.

Con este ejemplo, no pretendo circunscribir a una esteticista sólo a realizar trabajos post operatorios, sólo es una de las áreas en donde ella se desarrolla, pero es de suma importancia su formación y certificación para tal fin.

A continuación, les comparto un gráfico de SRI international report del año 2010, en donde se representa el volumen de dinero que maneja el sector en el mundo, dividido por actividades. El objeto de este grafico es corroborar la importancia de una formación responsable ya que el mercado lo permite y lo está exigiendo cada vez más.

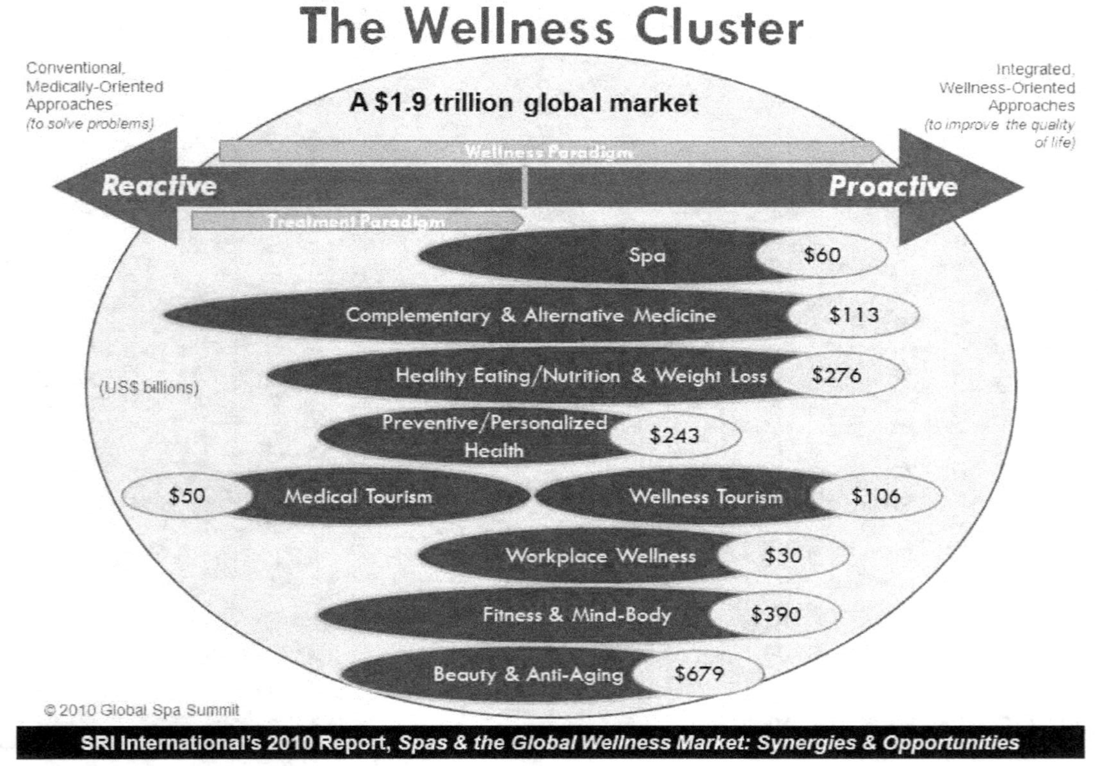

The Wellness Cluster
A $1.9 trillion global market
Conventional, Medically-Oriented Approaches (to solve problems)
Integrated, Wellness-Oriented Approaches (to improve the quality of life)
Wellness Paradigm
Treatment Paradigm
Reactive
Proactive
(US$ billions)
Spa
$60
Complementary & Alternative Medicine
$113
Healthy Eating/Nutrition & Weight Loss
$276
Preventive/Personalized Health
$243
Medical Tourism
$50
Wellness Tourism
$106
Workplace Wellness
$30
Fitness & Mind-Body
$390
Beauty & Anti-Aging
$679
© 2010 Global Spa Summit

Capítulo 4

Diferentes Ámbitos de Formación no Formales

Formación a través de laboratorios.

En muchas oportunidades, nos encontramos que siendo profesionales de la estética, asistimos a seminarios o talleres de presentación de productos, invitados por laboratorios profesionales.

Esta es una actividad que se desarrolla de forma muy activa por los laboratorios, ya que es una manera de llegar al profesional muy efectiva y rentable. Los canales de comunicación que poseen los laboratorios para realizar estas presentaciones, son las escuelas de estética, congresos, seminarios o distribuidoras de productos, inclusive eventos privados realizados exclusivamente por los laboratorios, en donde además de promover sus productos, plantean una serie de concéptos formativos como tratamientos para pieles sensibles, tratamiento para pieles menopáusicas, tratamientos con ácidos, etc.

Si bien, es su función, la de promover sus productos, y estas actividades son una estrategia más de mercadotecnia, muchas veces nos encontramos con que más del 50 % de los profesionales que asisten a estos eventos, no tienen la formación previa para comprender los conceptos que allí se impartirán, y digo esto en función a que muchas esteticistas o cosmetólogas que se han formado en un curso de 6 meses, es muy posible, que no hayan tenido la oportunidad de comprender en profundidad la utilización de ácidos para realizar tratamientos o diferentes procedimientos para abordar una celulitis edematosa, y mucho menos la utilización de diferentes protocolos para realizar tratamientos reductores.

Generalmente, la carencia de estos conocimientos se da en cursos impartidos por instituciones educativas multifunción, que carecen del conocimiento del sector, de la que ya hemos hablado.

Es por ello que estas profesionales, ávidas de conocimientos, buscan todas las posibilidades para seguir formándose, en donde pueden, ya que en muchas provincias de Argentina y muchos países de Latinoamérica, la única opción que tiene para seguir formándose, es concurrir a estas presentaciones.

Es difícil plantear si estas formaciones a través de laboratorios son éticas o son bien llevadas a cabo. Ya que si bien generalmente las presentaciones se realizan por lanzamiento de productos nuevos, algo que es muy normal en la industria, muchas veces se mezcla la formación con la venta de productos y esa especie de adoctrinamiento que produce en las profesionales que no están correctamente formadas, o al menos no tuvieron la oportunidad de formarse profesionalmente, con todas las aéreas que eso implica.

Un adoctrinamiento que muchas veces fabrica fans de una marca, o como decimos en Argentina, ellas se casan con esta marca y no hay posibilidades de que pruebe otro producto de la competencia, aunque sea mejor y más barata, ya que esa marca le dio todo: capacitación, que nunca había tenido, muestras gratis, posters, merchandaising y todo lo que ayude a que ese fanatismo perdure en el tiempo.

Es este punto podemos comprender por qué muchas escuelas de formación surgieron primero a través de laboratorios y casualmente son las más antiguas, ya que era el método de enseñanza conocido y legitimado en ese momento. Comenzaron fabricando productos cosméticos para profesionales y luego vieron que no existían tantas profesionales a quien venderles, entonces crearon las clientas a través de escuelas de formación avaladas por los mismos laboratorios. Un círculo perfecto e inclusive necesario en aquel entonces.

No inventaron nada, esta práctica ya la realizaban laboratorios de venta masiva, para entrenar a sus promotoras de venta en perfumerías y farmacias, sólo que en este caso, se le dio el toque profesional a través del curso de formación. Si tengo que nombrar un exponente en este tema es el Dr. Coaglia, creador de una de las escuelas más emblemáticas en la historia de la cosmetología, estética y pedicuría en Argentina y Latinoamérica, que fue un pionero indiscutido en aquella época, y del cual sin conocerlo personalmente aprendí mucho, ya que dejó un legado que luego de 50 años, sigue vigente y hay profesionales que le están agradecidas de por vida por lo que les transmitió.

Algo que es seguro y real, es que los laboratorios profesionales y algunos no tanto, están llenando una necesidad de formación, que muchas instituciones educativas no atienden por varios motivos. Algunos pueden ser porque no venden productos, o sencillamente, porque una vez que el alumno terminó el curso de 6 meses, no le interesa seguir formándolo o no están interesados en una formación continua, como suele llamarse.

Para ejemplificar lo que quiero transmitir en este capítulo, les comparto una experiencia que tuve en un mostrador de ventas hace algunos años atrás, y nos ayudará a comprender, fundamentalmente, por qué, la formación en estética y cosmetología no debe tomarse a la ligera

Un día ingresa una clienta al local y primero se sorprende de que la atienda un hombre, o sea yo. Le digo:

—Buen día, en qué la puedo ayudar...

—Hola, sí, ando buscando un ácido al 70%...

—Disculpame, ¿vos te dedicás a la cosmetología profesional?

—Claro —me dice—, soy cosmetóloga, cosmiatra y cosmeseutica —faltó que me diga que era cosmonauta también, me decía por dentro.

—Claro, entiendo. Mirá, te voy a explicar algo. Si vos aplicás un ácido en ese porcentaje, quizás, lo apliques en el pómulo izquierdo y termine saliendo en Japón, de la perforación que te haría en la cara.

Ella se enoja mucho y me dice:

—¿Qué querés decirme?, si hay un laboratorio que lo vende y además a mí me enseñaron a usarlo a ese porcentaje.

—Te explico. Generalmente, lo más importante además del porcentaje, es el PH que posee el ácido, ya que los porcentajes están muy manipulados, en función a quién lo fabrica y a la combinación que se pueda hacer de ellos, así que te sugiero que trates de conseguir ese ácido, en el laboratorio que te enseñó a usarlo.

Más allá de que la "***cosmetóloga profesional***" se enojó mucho con mi explicación, ya que ella estaba convencida de lo que venía a comprar y mucho más porque así le habían enseñado. Esto ocurre hace mucho tiempo en el sector y uno de los motivos que me llevó a escribir este capítulo relacionado a la formación a través de laboratorios, es justamente, este caso en particular. Las cosmetólogas están manipulando productos químicos que pueden producir daños en la piel y la salud, y considero que la formación inicial y básica de toda profesional, no puede estar en manos de un laboratorio, porque estoy seguro que en ninguna de estas presentaciones se habla en profundidad de conceptos básicos de la piel, porque se supone que las profesionales que asisten ya están formadas, algo que dista mucho de la realidad.

Para que se entienda el concepto, no conozco ningún arquitecto que haya aprendido a hacer una losa o un encofrado en un curso dictado por EASY, para que luego del curso, compre los materiales en el show room que se encuentra fuera del aula,

Es posible que a esta altura, muchos lectores se pregunten por qué comparo una cosmetóloga o esteticista con un arquitecto. Sencillo, no conozco un arquitecto que se dedique a construir casas o edificios con una formación empírica a través de cursos de formación, se supone que estudió al menos 5 o 6 años para tener ese título y poder desarrollar su actividad. Más adelante lo comprenderán.

Por otro lado, estas mismas profesionales no están familiarizadas con los entes reguladores como el ANMAT, en Argentina, que es el encargado de autorizar la fabricación y venta de productos farmacéuticos y cosméticos, no saben si el producto que compra tiene un registro genuino, ni tampoco identificar si ese registro es usado únicamente para ese producto o para varios de la línea.

Organismo que por otro lado, como muchos otros, se dedica a cazar en el zoológico, es decir, controla sólo a los que están registrados o en algún momento solicitaron un certificado de aprobación, cuando debería saber que la mayoría de los daños ocasionados por productos cosméticos o aparato logia estética, son los que se producen en garajes, bañeras o piletones.

PRODUCTOS PROFESIONALES VS. COSMÉTICOS MASIVOS

En muchos países de Latinoamérica, no existen proveedurías de productos profesionales, o en realidad, no se estila consumir productos exclusivos para profesionales. De este modo, son muchas las escuelas que trabajan con productos masivos, sin tener el conocimiento de la gran diferencia que existe entre estos. A raíz de este desconocimiento, la siguiente explicación.

Muchas empresas en el mercado de los cosméticos, y como

en todos los rubros, se destacan más que otras en cuanto a la calidad y los resultados obtenidos.

La realidad es que existe una creciente tendencia mundial en cuanto al cuidado personal, vida sana y los cuidados estéticos. Pero cuando hablamos de resultados, mucha gente está comenzando a adquirir productos profesionales en lugar de los masivos, ya que tienen un costo menor en función al contenido del producto. Un ejemplo es que generalmente un producto facial masivo tiene un envase con un contenido de 30 o 50 grs. con un costo de $200. Un producto profesional suele tener un contenido de entre 250 y 300 grs, con un costo de $150 en promedio. Este es uno de los motivos por los cuales, los consumidores están requiriendo productos profesionales, son más baratos, mejores y más grandes.

En los últimos años hemos notado un gran incremento en la venta de **productos cosméticos** dirigidos a la **mujer** y en algunos casos hacia los **hombres.** Muchas personas piensan que sólo es una moda como tantas otras, pero la realidad es que existe una creciente **tendencia mundial en cuanto al consumo** de cosméticos inclusive en épocas de crisis económicas o sociales, es uno de los rubros que más se mantiene o inclusive crece.

Este crecimiento también se da gracias al trabajo que realizan las Cosmetólogas y Esteticistas profesionales, que a su vez, para realizar un tratamiento, generalmente se basan en protocolos de trabajo, siguiendo un procedimiento paso a paso y utilizando productos de Laboratorios, que son adquiridos únicamente en negocios especializados como beauty shops o escuelas de belleza.

De este modo, la profesional **cosmetóloga y esteticis-ta** realiza una suerte de enseñanza a las mujeres, que hasta el momento, pensaban que cualquier producto masivo resolvía imperfecciones faciales o corporales por igual, cuando sabemos que no todas las mujeres tienen el mismo tipo de piel; de hecho en un mismo rostro podemos encontrar hasta tres tipos de piel diferente.

Cuando la profesional recomienda un producto de apoyo domiciliario, generalmente lo hace en función los laboratorios que ella trabaja, y es allí cuando el consumidor conoce el producto profesional.

Luego, es función de la profesional que se lo siga comprando a ella, de otro modo, su clienta tratará de comprarlo en algún negocio de venta profesional. No siempre es así, ya que muchas profesionales no están preparadas para la venta de productos, o en realidad, les incomoda el hecho de vender productos. Muchas alegan que no han sido formadas para la venta y otras directamente no lo encuentran correcto, pero la realidad es que, si su clienta consume productos de apoyo domiciliario, su tratamiento, muchas veces, tiene resultados más rápidos.

Este incremento en la participación de mercado por parte de los **productos profesionales** es cada vez mayor, ya que el público en general está optando por ellos, no sólo por su efectividad, sino también porque, en la mayoría de los casos son más económicos que los masivos. Si bien parece una contradicción. ¿Por qué algo que es mejor es más económico?

La respuesta es simple, un producto de laboratorio profesional no utiliza medios de comunicación o personas conocidas en el ámbito local o internacional para realizar sus comerciales o publicidades. Aunque parezca un detalle menor, cuando se realizan estas campañas utilizando una personalidad o modelo conocida mundialmente, las inversiones que hacen las empresas es muy importante e inevitablemente para recuperar esos montos, a la hora de fijar los precios de los productos, se tiene en cuenta esos gastos, entonces encontramos un producto en el mercado en donde gran parte de su precio de venta está formado por la publicidad que se realizó para darlo a conocer.

Otro aspecto que forma el precio de un producto masivo, es decir que lo conseguimos en la góndola de un supermercado o en una farmacia, es su packashing primario y secundario. Generalmente los envases que se utilizan para este tipo de productos, suelen ser más cotosos que su contenido, y esto tiene que ver con un concepto de producto deseado y producto esperado, en donde el consumidor, al ver un envase tan atractivo y sofisticado, se deja seducir por ese packaging e inmediatamente asocia lo que está viendo con todas las publicidades previas de las cuales ya fue objeto en todos los medios de comunicación, por cierto, masivos todos ellos.

Los laboratorios profesionales, realizan sus publicidades en ámbitos más chicos, o sea, en el mercado profesional, y además no utilizan los canales de comunicación tradicionales como TV, Revistas del corazón, etc.

De este modo, sus productos no están influenciados por altos costos de comunicación o promoción. No obstante, algunos últimamente están haciendo uso de personalidades famosas, revistas masivas y programas televisivos en horarios de prime time y con modelos famosas, para darles un toque de confianza a sus futuras consumidoras. Y más que nada para promover y realizar un apoyo publicitario, a los productos de apoyo domiciliario, que serán vendidos por las profesionales

Entonces, a la hora de comprar un producto cosmético, la mejor manera de estar seguros, es consultar con nuestra cosmetóloga o esteticista profesional, la cual está capacitada para hacernos un diagnóstico personalizado, previo a recomendarnos un producto cosmético.

Algo para destacar, es que una consumidora, luego de probar un producto profesional, ve y nota la diferencia en los resultados obtenidos. Pero los estímulos que recibe a través de los medios, para que consuma productos masivos son muy fuertes, muchas veces regresan a comprar productos cosméticos en las góndolas de las farmacias y más aún cuando muchas de las marcas masivas están comenzando a utilizar conceptos profesionales, como MICRODERMOABRACIÓN, O PEELING EN CASA, siendo las mujeres de entre 35 y 45 años, las que más consumen este tipo de productos masivos.

FORMACIÓN A TRAVÉS DE EMPRESAS DE VENTA POR CATÁLOGO O SISTEMAS MULTINIVEL

Todos conocemos este tipo de empresas que venden productos cosméticos a través de revendedoras, que llevan un librito sirviéndoles de catálogo para realizar sus ventas.

Estas empresas emplean a miles de mujeres en todo el mundo, y su negocio es tan exitoso, que ya es un poderoso canal de venta que compite con otros canales tradicionales como perfumerías o farmacias. Es tan exitoso, que no sólo venden cosméticos. Han anexado lencería, bazar, juguetes para los hijos de las mujeres que les compran cosméticos, y otros rubros que no vale la pena mencionar.

No es mi interés opinar sobre el negocio de estas empresas, ya que les funciona muy bien y de hecho ayudan mucho a mujeres que encuentran en ellas, una salida laboral inmediata y rentable, pudiendo manejar sus tiempos de trabajo en función a una planificación de agenda.

Lo que sí es de mi interés, es esta suerte de capacitación o entrenamiento que realizan a sus vendedoras durante un corto periodo, a las que estas empresas le llaman, consultoras de belleza. Esta formación se refiere a que, durante varios seminarios de capacitación, impartido a un gran número de asistentes a la vez, se les enseña conceptos de piel en general, hidratación facial, líneas de expresión y los distintos tipos de cremas faciales que se utilizan para estos tipos de cutis.

Del mismo modo, se le transmiten conocimientos paso a paso para realizar limpiezas de cutis, masajes faciales para lograr turgencia en la piel, maquillaje para el día, la noche y eventos especiales, además hay temas de formación de cómo armonizar el lugar de reunión para que la presentación que realicen entre sus amistades sea un ambiente relajado y a la vez les permita vender más.

Muchas de estas vendedoras o futuras empresarias de la belleza, si es que cumplen con el objetivo inicial, realmente se van interesando en estos temas, porque les gustan o simplemente llaman su atención como mujer y quizás nunca antes le habían enseñado como maquillarse a ellas mismas. De a poco van comprendiendo el método de venta empleado por la empresa y terminan emprendiendo su proyecto.

Hasta aquí, todo perfecto, pero en muchas ocasiones, estas consultoras de belleza sólo adquirieron los conocimientos impartidos en estas empresas, que no hace falta que explique la limitación y profundidad de ellos, y no siguieron capacitándose en otros niveles de formación, por así llamarlos. Muchas de ellas dejan de vender estos productos de catálogo o no y comienzan a trabajar de cosmetólogas, ya que según ellas, conocen los tratamientos faciales que realizan las cosmetólogas, porque fueron formadas hace un tiempo.

En realidad, estas vendedoras están muy lejos de tener conocimientos básicos de cosmetología o estética corporal y sólo en algunos casos, como las vendedoras que tuvieron la posibilidad de ascender en la estructura de la empresa, y por el tiempo que allí llevan, acceden a otros conocimientos más profundos, por el hecho de estar permanentemente activas en el sector y la necesidad de capacitarse constantemente.

Una de las áreas en donde se las capacita en profundidad, es en la venta de productos, estrategias de comunicación y marketing de ventas. Porque justamente ese es el objetivo de estas empresas, como cualquier otra. El inconveniente surge cuando muchas de estas vendedoras desean acceder al mercado de los servicios estéticos, y se encuentra con que todos los conocimientos que posee, mayormente están referidos a una línea de productos y no a nivel del sector profesional.

Son pocas las que se capacitan a través de cursos para ser cosmetólogas, pero evidentemente, la que toma la decisión, marca una gran diferencia con otros profesionales y otras vendedoras que sólo se detienen en esa formación básica y desean ser profesionales en la actividad.

FORMACIÓN A TRAVÉS DE FÁBRICAS DE APARATOLOGÍA

Este es un caso bastante similar al de la formación impartida por laboratorios, pero considero que es más profundo aún, por un solo motivo, muchas veces las escuelas de estética, para poder transmitir conocimientos en aparatología y su correcto uso, lo primero que deben tener son los equipos para poder enseñar. Parece curioso lo que digo, pero la mayoría de las escuelas enseña conceptos teóricos de los equipos, y sólo les muestran una foto de lo que realmente van a manipular cuando lo compren o cuando trabajen en un centro de estética.

Esto sucede porque para poder tener todos los equipos básicos necesarios, estas escuelas deben hacer una inversión muy grande en aparatología, que al final de cuentas, no les va a producir ningún rédito inmediato, porque son equipos para uso en aula y no los podrán vender por su desgaste diario.

Es allí, donde comienzan a inferir las empresas en la formación básica, a través de talleres o seminarios en donde dictan capacitaciones aprovechando esta falencia de la mayoría de las escuelas.

Está claro, que si surge una nueva tecnología, y hay profesionales que estudiaron hace un tiempo atrás, la manera más inmediata en que va a poder comprender su uso, es a través de un taller de formación organizado en una empresa, y es algo totalmente aceptable; pero no es lo que ocurre habitualmente.

Muchas empresas han visto esta necesidad en el mercado de formación en aparatología, y han hecho lo que se suele decir en términos de negocios, una integración hacia adelante, creando y fabricando sus propios clientes, montado escuelas dentro de sus instalaciones, inclusive ofreciendo un certificado y un número de matrícula profesional. Algunas más osadas crearon Tecnicaturas en aparatología, con una duración de 2 meses y otras Maestrías de 3 clases.

Es posible que estos datos asombren, a mí lo que más me asombra es que en muchas de estas empresas que imparten capacitaciones, los docentes son vendedores comerciales que se visten con una chaqueta blanca para parecer expertos profesionales de la estética y si un verdadero experto en la materia, como muchos que conozco , les llega a hacer alguna pregunta en serio, profunda y referida a contraindicaciones o principios activos que se puedan o no utilizar, creo que este vendedor se quita la chaqueta, la cuelga en el perchero que tiene al costado del escenario y se va a su casa. Ya que no podría responderla.

Muchos idóneos en la materia no hacen lo que estoy planteando por una cuestión de códigos, pero por dentro los inunda una gran bronca e impotencia, al ver como se manipula la formación en estas áreas en función a lo que se quiere vender.

En contraposición a esto, existen muchos excelentes profesionales idóneos, que imparten cursos de formación en aparatología, de manera independiente, sin una estructura académica y sin el apoyo de ninguna empresa de aparatología en particular.

Sus contenidos están basados a nivel general, conociendo todas las marcas disponibles en el mercado y transmiten sus conocimientos sin ningún interés en particular. Ellos van a donde los llamen, tienen un compromiso con su labor educativa muy diferente al de las empresas. Algo que los caracteriza, es la pasión que tienen por lo que hacen y una humildad pocas veces vista.

A lo largo de toda Latinoamérica, existen muchos, en cada punto cardinal; sólo es necesario investigar un poco para encontrarlos y no dejarse seducir por las marcas o corporaciones. Tengo el placer de conocer muchos en mi provincia y he tenido la oportunidad de compartir sus talleres, y estoy en condiciones de afirmar que en Córdoba, tenemos varios profesionales en muchas áreas que están dentro de los mejores del país y de Latinoamérica.

Esta situación se replica en todos los países, e inclusive, en algunos de Europa. Uno de los motivos que promueven estas prácticas son las grandes facturaciones que producen estas actividades y al no estar regulada la venta de equipos, es muy fácil comprar, e inclusive alquilarlos. Es comprensible que se utilicen todas las herramientas disponibles para llegar al mercado, pero la línea que se está cruzando es bastante peligrosa, es lo que yo llamo *intrusismo en la actividad de la formación*.

FORMACIÓN A TRAVÉS DE PRÁCTICAS HOSPITALARIAS

En este punto deseo explicar un poco este mito de las prácticas hospitalarias, que muchas instituciones ofrecen con el fin de seducir al alumnado, haciendo de esta manera que su oferta académica parezca más profunda o profesional.

En Córdoba, Buenos Aires y algunos países de Latinoamérica, algunas entidades, dentro de su malla académica de 2 años de duración, incluyen las prácticas hospitalarias. E inclusive, algunas dictan un curso de cosmiatría directamente en el hospital.

Para abordar este tema seriamente, ya que ofusca a muchas profesionales, la mayoría de ellas con más de 50 años; tenemos que remitirnos a unos 25 años atrás, en donde la formación en cosmetología tenía una duración de 3 años, y las prácticas hospitalarias eran realmente una necesidad por parte de los hospitales, ya que las profesionales que allí practicaban, realizaban muchos tratamientos que los médicos o dermatólogos no realizaban.

El tiempo fue pasando y comenzaron a surgir las escuelas multifunción que ya mencionamos, con ofertas académicas más cortas en su duración, y con exigencias educativas más sencillas, esto produjo que las personas que deseaban ser cosmetólogas, tengan una opción de estudio diferente, y en la mayoría de los casos, más accesible en términos de exigencia educativa.

Hoy en día regresaron estas prácticas hospitalarias, que considero, sinceramente, serían una fantástica herramienta educativa, si se realizaran de manera constante y a través de una regulación o reglamentación y en un ámbito de excelencia educativa.

Digo esto porque la realidad demuestra lo contrario, en la mayoría de los casos que se consulta o se investiga, las alumnas que acceden a estas prácticas, en ningún momento tocan un paciente o realizan un tratamiento. Generalmente, escuchan y toman nota de lo que el docente a cargo explica.

Podríamos entender que no haya contacto con los pacientes debido a que si ocasionara un daño, estas alumnas o el hospital podrían tener problemas legales o de otra índole, pero es una realidad que si una profesional teóricamente va a realizar prácticas hospitalarias, al menos debería atender a esas personas como lo hace cualquier cosmetóloga en su gabinete.

Por otro lado, estos hospitales no están preparados o acondicionados con la aparatología necesaria para estas prácticas, y muchas veces, los productos de laboratorios están allí sólo porque algún sponsor pensó que era buena oportunidad para realizar una buena promoción de sus productos. De hecho lo es.

Entonces cuál es el sentido de este tipo de prácticas hospitalarias, será algo netamente marquetinero o en realidad sirve para que una alumna comprenda las patologías que no puede tratar y a la vez sepa cuando tiene que derivar a un medico dermatólogo.

Este es el famoso mito de las prácticas hospitalarias, realizadas en provincias o países que ni siquiera poseen reglamentación de la actividad, entonces a mi modo de ver las cosas, se ofrece practicar con pacientes que tienen patologías que al final de cuentas no se pueden tratar. Seguramente, alguien podría decir que al menos se comprenden en vivo los conceptos formativos; yo le respondería que en muchas escuelas de estética, entre las mismas alumnas o convocando a personas que poseen alguna afección para tratar, se practica mucho más que en un hospital. Sólo se debe desear realizarlo.

Deseo remarcar algo muy importante, tener la posibilidad de realizar este tipo de prácticas, sería muy importante y de hecho necesario para la actividad y el sector, sólo que antes de ofrecer prácticas en hospitales, se deberían realizar protocolos autorizados y estandarizados, que una reglamentación del sector los contenga para que se permitan, y con el tiempo, sea inclusive una exigencia para una carrera en cosmetología y cosmiatría, de esta manera se forman profesionales conscientes y sin miedo de realizar su trabajo.

FORMACIÓN A TRAVÉS DE CENTROS DE ESTÉTICA, SPA'S Y PELUQUERÍAS EN LATINOAMÉRICA

Hace 5 años, en mi primer viaje a Panamá, uno de los motivos del viaje además de vacaciones era realizar una investigación *de mercado de la estética y más que nada, el de las escuelas de formación.* Me llevé una gran sorpresa.

Comencé a buscar escuelas en internet desde Córdoba antes de viajar para ir con información previa, y me fue difícil de encontrar, ya que sólo conseguí tres escuelas que aparentemente se dedicaban a la formación profesional, y me pareció extraño, debido al número de escuelas que hay en Argentina, más allá de que en Panamá había en ese momento 3 millones de habitantes al igual que Córdoba, pero en Córdoba, en ese momento año 2009 existían 30. De este modo sólo imprimí las 3 que pude encontrar.

Al llegar, seguía con la duda y seguí buscando en las páginas amarillas de la habitación del hotel, preguntándole a los taxistas, al conserje del hotel y nuevamente en internet.

Seguían siendo las mismas 3 escuelas, y yo no me convencía, así que comencé a buscar distribuidores de insumos para peluquería y estética. Sólo encontré dos, en ese momento comencé a entrar en razón y a comprender que aparentemente el sector no estaba desarrollado como yo pensaba.

Terminé de tomar los datos y me dispuse a visitarlas para saber si eran competitivas o no. Pero antes visité una de estas importadoras distribuidoras, ya que en Panamá no se produce nada, se importa de todo el mundo los insumos necesarios para el sector. Al visitar la primera distribuidora me ocurrió algo increíble, pregunté por el encargado que muy atentamente me atendió, y empecé a comentarle que estaba buscando escuelas de estética, le mostré un folleto que llevaba con más de 35 cursos de la escuela que yo gerenciaba en ese momento, y su respuesta fue contundente: Diego, esto aquí en Panamá no existe. Allí comprendí definitivamente por qué no encontraba escuelas de estética, ni siquiera en google. A la misma persona le pregunté: Pero cómo, ¿tampoco hay eventos y congresos?, a lo que recibí como respuesta: No, no, aquí sólo vendemos a quien compra, algunos se dedican a la peluquería, otros a la estética, pero nosotros vendemos.

Lo increíble que me ocurrió, fue que 2 años después contraté un stand en una feria que se realizaba en Panamá, para promover el concepto de profesionalización responsable, y cuando fui a pagarlo antes de que comience la feria, tuve que ir al mismo lugar y entrevistarme con la misma persona que hacía 2 años me comentó que las ferias y las escuelas no existían, él recordó ese momento y fue un buen recuerdo, hoy es la feria más importante de Panamá.

Me choqué con una realidad de que en Panamá no existía el concepto de Escuela de Belleza, ni academias, sólo había una escuela que llevaba tiempo en el mercado y dictaba una mezcla de cosmetología, estética, peluquería, manicura y depilación, es decir, te capacitaban en todo.

Las otras dos escuelas que fui a visitar, una era un centro de formación técnica en donde la oferta académica que ofrecían constaba de enfermería, electromecánica, técnico superior en logística aduanera y técnico en cosmetología.

La tercera y última era una peluquería muy conocida y lo que voy a comentarles lo viví personalmente. Al preguntar cómo podía hacer para estudiar estética, la persona que me recibió me responde: Mira, justo hoy comienza un curso nuevo, así que siéntate en ese pupitre que en 30 minutos llegan las demás alumnas y comenzamos.

En ningún momento me explicaron el plan de estudio, lo que iba a aprender y mucho menos me mostraron la escuela, ya que era allí mismo la capacitación, mientras atendían a las clientas regulares del salón. Lo que sí me comentaron era el costo mensual u$s 150, y no incluía nada, en aquella época el cambio era de 5 pesos argentinos a 1 dólar, saquen sus cuentas.

Puede parecer, extraño lo que comento, pero en muchos países de Latinoamérica, Bolivia, Perú, El Salvador, Honduras, Guatemala, Panamá, por mencionar algunos, la formación en estética no sólo es empírica, sino que es similar a la experiencia que le transmite el zapatero a su aprendiz. Esto no tendría nada de malo, el problema comienza cuando en estos países se pone de moda la estética y arriban empresas de ventas de productos, importadoras que llenan el mercado de productos europeos, chinos y de los países que quizás nunca pensáramos que se fabrica algo relacionado a la estética.

Estas empresas, abren sus puertas, y comienzan a venderle a quien les compre, y generalmente, los clientes son estas profesionales que se han formado en salones de belleza, sin una idea general ni mucho menos conceptos interdisciplinarios. Y es allí en ese momento cuando se comienza a inundar el sector de seudo profesionales, que manipulan cualquier producto o equipo de estética.

Es por esto, que todos estos países mencionados tienen a la Argentina como referente latinoamericano, en todo lo referido a formación, productos de laboratorios y fábricas de aparatología. Porque más allá que es cierto que en Argentina fabrican excelentes productos, hay muchas opciones para formarse, al menos empíricamente. Y el sector está muy desarrollado, esto permite una competencia perfecta en donde se destacan los más aptos.

Un dato curioso para terminar con este concepto, en todos los edificios y hoteles que están construidos y se están construyendo en Panamá, les instalan un spa, y los mismos permanecen vacíos durante mucho tiempo, debido a que no hay personal capacitado o una fuerza laboral calificada para atenderlos; de hecho cuando abren un centro de estética o spa dentro de estos hoteles, contratan profesionales de Colombia o Venezuela, porque saben que en esos países se consigue personal con experiencia y además están a una hora de vuelo.

Formación a través de Internet

No podemos negar e ignorar, que la tecnología y la híper conexión que existe hoy en día en la aldea global es un hecho y que cada día será más necesaria, ya que nos permite acceder a información de manera rápida, práctica y menos costosa. Una vez leí, que hoy un joven de 15 años con acceso a internet posee más información que un presidente latinoamericano hace 20 años atrás, esto no nos tiene que asombrar porque es una realidad, luego podemos discutir cómo se utiliza esa información obtenida.

Tampoco podríamos negar, que la aldea global nos ha permito acceder a conocimiento, que de otra manera no podríamos, o al menos, tendríamos que invertir más tiempo y dinero para obtenerlo.

Desde el inicio de esta conectividad a internet se comenzó a hablar del e lerning, en donde uno puede estudiar en cualquier institución que posea una plataforma para tal fin, como Moodle, que es gratuita y no requiere generalmente conocimientos profundos en informática, para la institución que ofrece la oferta académica, y para el estudiante que desea estudiar. Con sólo disponer de una conexión medianamente rápida, es sencillo.

Muchas son las instituciones que disponen de educación a distancia, como suele decirse e inclusive algunas ya están utilizando el concepto del U lerning, que surge del e lerning, pero lo novedoso es que es un conjunto de actividades de aprendizaje (formativas y de capacitación), apoyadas en la tecnología, y que son accesibles en cualquier momento y lugar (incluso en los lugares que aún hoy no existen).

El *uLearning* no se limita a la formación recibida a través del ordenador o del dispositivo móvil (teléfono, PDA), este concepto los trasciende e incorpora cualquier medio tecnológico que permita recibir información y posibilite su incorporación y asimilación a las personas. Fuente: (wikipedia.org)

Últimamente en el sector que nos compete, han ido surgiendo ofertas académicas a distancia por internet, y hago esta aclaración porque muchas ofertas a distancia, significan que el estudiante tiene un encuentro presencial una vez al mes y algunos le dicen larga distancia.

Pero puntualmente, estas ofertas académicas por internet, si bien están dirigidas al sector de la estética y la cosmetología, se encuentran con que la mayoría de las profesionales que desean realizarlas no poseen conocimientos básicos de computación, y se encuentran con inconvenientes que para un internauta experto no lo serían.

Estos inconvenientes son, por ejemplo, que no saben subir un archivo en PDF, o no encuentran el link para ampliar información, o no pueden descargar el video informativo para comprender la parte práctica del curso en cuestión. Son muchas las personas que por cuestiones de tiempo y distancia desearían realizar su formación vía internet, pero estas dificultades que estoy planteando existen, y tienen que ver un poco con la generación x y la generación y.

Como mencionamos anteriormente, el 90 % de las profesionales, que están en actividad se formaron a través de cursos empíricos y tienen más de 40 años, muchas de ellas, no tienen conocimientos en informática. Esta generación de profesionales son la generación X, las mismas están comprendidas entre los 30 y 45 años, es una generación que comenzó quizás a familiarizarse con la tecnología hace poco tiempo, ya que para su actividad principal, no le era necesario. Cuando hablamos de la generación Y, estamos hablando de adolescentes que ya tienen un manejo casi innato de las tecnologías actuales.

Estas adolescentes, si desean realizar un curso de perfeccionamiento a distancia por internet, generalmente, no tienen inconvenientes; pero nos encontramos en una disyuntiva, estas adolescentes que sí poseen conocimientos para estudiar a distancia, no tienen la experiencia en el sector de la estética que les permita acceder a un perfeccionamiento.

Sería fantástico que las profesionales actuales pudieran acceder a estas nuevas tecnologías educativas, que además de permitirles estudiar desde cualquier parte del mundo y en el momento que ellas deseen, les permitiría profundizar muchos conceptos que en los cursos que realizaron no pudieron conocer. Pero es una realidad generacional, que por el momento dificulta mucho el acceso a este canal educativo.

La solución a este inconveniente, se podría plantear a través de una instrucción a todas las profesionales, en informática y dictada por instituciones que estén comprometidas con la profesionalización del sector. Sería muy sencillo realizarlo, sólo se debe desear hacerlo

No obstante, algo para destacar es que a través de algunas redes sociales y más específicamente, grupos creados con el fin de compartir información y conceptos relacionados a tratamientos o uso correcto de aparatología, muchas profesionales están adquiriendo conocimientos que no tenían idea de su existencia, esto se da gracias al aporte que desinteresadamente están realizando muchos profesionales, con el fin de contribuir a la profesión. Ellos están logrando que muchos mitos sobre el uso de aparatología o principios activos, dejen de ser justamente eso, y los profesionales puedan trabajar de manera más segura y a consciencia.

FORMACIÓN A TRAVÉS DE CENTROS DE ESTÉTICA, SPA Y PELUQUERÍAS. EL CASO DE ARGENTINA

La situación en Argentina, es similar a la de algunos países Latinoamérica, pero de un modo diferente o inverso.

Desde hace un tiempo, existen muchos centros de estética, que vieron una baja significativa en su facturación, por la gran competencia y debido a una gran proliferación de centros que abren sus puertas y duran 6 meses en el mercado ya que no realizan un plan de trabajo o un estudio de mercado previo. Muchos de estos centros se abren de la mano de inversores o profesionales que sólo tienen una herramienta, su mano de obra.

No cuentan con un estudio de mercado que les permita evaluar a quiénes les van a vender, en qué zona geográfica se van a instalar, qué van a ofrecer, y muchas otras áreas en donde cualquier tipo de negocio debe hacer un estudio previo. Esto suele suceder porque muchos inversores piensan que la estética está de moda, entonces como está de moda, con sólo abrir las puertas, los clientes van a entrar y consumir. Sencillamente, lo que requieren es un plan de negocios para centros de estética, spa o salones de belleza, pero en cursos de 9 meses, es difícil incorporar ese conocimiento.

Al principio planteamos que el caso en Argentina, era inverso al de Latinoamérica, esto significa que, a diferencia de algunos países en donde los centros de estética enseñan porque no hay demasiadas opciones, en Argentina comienzan a dar cursos de estética, depilación, maquillaje, automaquillaje, gimnasia post parto, yoga o danzas árabes.

Estos cursos que se imparten son una suerte de un intento desesperado por facturar de alguna manera y con lo que sea. Porque ya tiene la estructura edilicia y el espacio físico, y como sus clientas son mujeres, consideran que todo lo que ofrezcan que esté relacionado a la mujer, se va a consumir.

Muchos de estos centros, piensan que por el sólo hecho de que allí se realizan servicios de estética, la gente va a realizar los cursos pensando que tienen el conocimiento necesario, para llevar a cabo esa tarea. Generalmente estas capacitaciones son dictadas por el titular del centro e inclusive contratan otros profesionales para que dicten estos cursos.

Esta actividad contribuye a lo que yo llamo el maxikiosco de la formación estética, por el sólo hecho de que esta práctica no ayuda al sector, inclusive lo nivela hacia abajo, ya que después de incorporar cursos de capacitación, muchos de estos centros, comienzan a vender productos cosméticos de venta masiva, que nada tienen que ver con los insumos profesionales, luego siguen realizando ventas por catálogo y si eso no llega a funcionar para aumentar la facturación, es posible que incorporen la venta de lencería femenina.

Con este ejemplo, sólo quiero tratar de explicar que hay muchas actividades que directa o indirectamente, afectan al sector de la formación, y más aun cuando el consumidor no tiene conocimientos de dónde debería estudiar algo relacionado a la estética.

Muchas veces, el consumidor de cursos realiza su primera experiencia en este tipo de lugares, cuando se da cuenta que le gusta la actividad relacionada a la belleza, desea seguir estudiando, entonces se dirige a una escuela o institución creada para tan fin, y se encuentra con que lo que estudió previamente en la anterior escuela improvisada, no le sirve de nada, es decir, tiene que comenzar de nuevo.

Un caso real con respecto a esta práctica, se refiere a lo que acontecía con el famoso curso de cosmiatría, de tres meses de duración. En la ciudad de Córdoba, antes del 2010 que surgiera la ley del ejercicio de la actividad, una persona estudiaba entre 6 y 9 meses cosmetología y luego realizaba un curso de 3 o 4 meses de cosmiatría, luego de esa capacitación se hacía llamar cosmiatra. Hasta aquí, perfecto, o al menos entendible, luego de la sanción de la ley, se suponía que para ser cosmetóloga cosmiatra, se debía estudiar en una institución de nivel superior terciaria o universitaria.

Pero, retomando el concepto anterior, muchas consumidoras estudiaron cosmetología en muchos lugares diferentes, escuelas especializadas, otras no tanto, que por lo general funcionan en garajes, departamentos o sótanos y llevan el nombre propio del dueño o dueña.

Luego deseaban ser cosmiatras, ya que en teoría, la cosmiatría era superior, es decir, debían estudiar 3 meses más, entonces, todas estas consumidoras que ya eran cosmetólogas, se dirigían a escuelas especializadas a consultar por cosmiatría, que repito, todas tenían una oferta académica de entre 3 o 4 meses. Y al interiorizarse de qué se trataba la cosmiatría, se llevaban una gran sorpresa, la formación previa que tuvieron en cosmetología, no era ni siquiera, lo mínimo e indispensable para comprender conceptos de cosmiatría, por la sencilla razón de que en su formación anterior no se las formó a consciencia en temas relacionados a piel, protocolos de trabajo, aparatología básica.

Las habían formado en maquillaje, depilación, manicuría y algo de tratamientos faciales. Como siempre digo, a gusto e idea de la dueña de la escuela. Para que luego puedan comprender los tratamientos más profundos que realiza la cosmiatra con la utilización de ácidos, aparatología más compleja y la realización de tratamientos más específicos relacionados a las afecciones de la piel, ya que en teoría, la cosmiatra siempre trata la piel sana, algo que dista mucho de la realidad.

Es allí, en ese momento, en que todas las personas que estudiaron en donde ellas pensaron que era una buena opción, se daban y se dieron cuenta que no les servía su formación anterior. Podríamos preguntarnos, por qué estudiaron en esos lugares, y es una excelente pregunta. En principio, porque nunca indagaron bien de qué se trataba la cosmetología, al fin de cuentas era un cursito más, otra cuestión podría ser que alguien se los sugirió, porque había sido alumna de ese lugar, pero uno de los motivos más importantes por los cuales muchas personas se formaron en esos lugares, es el aval o respaldo por así decirlo que tenían esos centros de formación.

Los casos son muy variados, algunos ofrecían el aval de una asociación que nucleaba a las esteticistas y cosmetólogas; otros, en cambio, iban más allá, y ofrecían aval del Ministerio de Industria y Comercio de la provincia, enmarcado en algún plan de empleo, con lo cual hacían entender que sus títulos eran oficiales, es decir, un curso de 9 meses era oficial, por el aval del Ministerio de Industria, Ganadería y Pesca de la provincia. Y como la gente siempre buscó esa oficialidad en estos cursos, compraba y accedía a esa oferta académica, que dista mucho de la realidad, ya que considero que ningún Ministerio de Industria o Comercio comprende mucho de estética.

Por suerte no son muchas las personas que optan por estudiar en un centro de servicios estéticos o en una escuela avalada por un ministerio que nada tiene que ver con la formación, y el principal motivo, es que los consumidores cada vez son más exigentes, indagan mucho antes de inscribirse en un curso, y quizás cuando le consulten a la secretaria del centro de estética cuál es el plan de estudio, ante su respuesta, evidenciarán que no posee un amplio conocimiento de lo que están enseñando.

Por otro lado, la realidad nos dice que muchas personas se forman en estos centros, y cuando desean realizar un curso de perfeccionamiento en otra institución, dedicada exclusivamente a la formación profesional en estética, se encuentran con que no pueden realizar el curso, debido a que la formación previa que realizaron carece de muchos contenidos básicos y necesarios para poder comprender los conceptos del curso de perfeccionamiento y es allí cuando se dan cuenta que la formación e estética no era un hobby más.

Capítulo 5

Formación Empírica Vs. Formación Profesional Superior

Mitos y verdades sobre la formación en estética

Siempre que hablamos de formación empírica, nos referimos a la capacitación que se realiza a través de curso de formación, la duración y contenido de los mismos, puede variar de muchas maneras en función al país en donde se imparte la formación, el docente que esté a cargo, o a la realidad socioeconómica de las personas que lo realizan

Los cursos de formación, son una buena herramienta de capacitación cuando el consumidor desea obtener un conocimiento nuevo para ponerlo en práctica inmediatamente luego de haber terminado la capacitación que realizó. De este modo, la formación a través de cursos, no es un concepto exclusivo de la estética.

Muchas actividades profesionales realizan cursos de actualización una vez que tienen la formación inicial y básica para la cual fueron formados, arquitectos, médicos, odontólogos y muchas otras actividades se siguen formando en nuevas técnicas y procedimientos, con cursos superiores. En muchos países de Latinoamérica, se les suele llamar DIPLOMADOS, estos generalmente son cursos que se dictan durante un periodo de 3, 6 o 9 meses, con cargas horarias intensivas y con encuentros presenciales cada 15 o 30 días.

Esta frecuencia de cursado, que podríamos llamarla semi presencial, se da en función a que estos profesionales se supone que ya están en actividad, es decir, están trabajando actualmente y no pueden cursar 1 o 2 días a la semana para obtener su formación.

Dentro del sector de la estética, como ya hemos hablado, la formación siempre se ha planteado a través de cursos de formación, ya que muchos de ellos no requieren demasiada instrucción teórica para su desarrollo y en muchas ocasiones son planteados como capacitación laboral, ejemplo de esto serían algunos de estos cursos relacionados a la belleza.

- Depilación, 4 meses

- Manicuría 3 meses

- Uñas esculpidas 2 meses

- Maquillaje 6 meses

- Masaje relajante 2 meses

- Masoterapia 5 meses

- Digitopuntura 6 meses

- Belleza de pie 3 meses

- Peluquería 9 meses

Y tantos otros que existen en el sector de la belleza en general.

Muchas de estas capacitaciones, no representan un peligro para la salud, ya que los trabajos que realizan en los clientes, son superficiales por decirlo de algún modo.

La estadística nos dice que el 1 % de la población se dedica a una especialidad dentro de la belleza y por cada persona que se dedica a este trabajo existen 3 que lo desean hacer en algún momento.

El promedio de edad de las personas que realizan cursos de belleza es de entre 34 y 38 años, este número surge en función a la pluralidad de edades de las personas que estudian estos cursos. Tenemos jóvenes de 17 años que mientras cursan su último año de preparatoria desean realizar un curso de maquillaje y del mismo modo tenemos señoras de 55 o 60 años, que ya no tienen tantas obligaciones en su hogar, y esto les permite realizar ese curso de masajes que siempre quiso hacer pero antes no podía, debido a que sus horarios de trabajo y el colegio de sus hijos no se lo permitía

En función a estos números, promedios y antecedentes de la actividad, podemos expresar que de todas las personas que realizan cursos de formación en el sector de la belleza, sólo el 10 o 15% sale al mercado laboral, es decir, un pequeño porcentaje se dedica a la actividad por la cual realizó un curso.

Muy pocas son las personas que luego de realizar una formación corta, montan un negocio propio o trabajan para un tercero ya sea en un salón de belleza o un centro de estética.

De este modo, cuando se estudia una carrera o tecnicatura, el compromiso que se asume es mucho mayor, por todo lo que ello significa y representa, responsabilidad en la carga horaria, parciales, trabajos prácticos, exámenes finales y todas las exigencias impartidas por una institución superior para mantener la regularidad del alumno, es por ello que los profesionales, que han tenido la oportunidad de estudiar una tecnicatura en estética y cosmetología, o están pensando en hacerlo, generalmente están más comprometidos con la actividad y el sector. Inclusive son muchos los profesionales que ven la oportunidad de seguir creciendo dentro de la industria, dictando clases en otras instituciones o seminarios en congresos.

En este momento los terciarios dedicados a la estética están requiriendo muchos docentes, con conocimientos técnicos, debido a que la mayoría de los docentes de materias relacionadas específicamente a estética o cosmetología, siguen siendo empíricos, debido a que no hay demasiadas promociones egresadas en estas tecnicaturas.

Muchas de las personas, no todas, que realizan cursos, lo hacen para hacer algo, qué significa esto. Muchas personas necesitan hacer algo diferente a sus actividades habituales, y muchas a través de estas capacitaciones, cortan con sus rutinas y realizan algo para ellas mismas, como aprender a maquillarse para luego maquillar a sus amigas o realizan un curso de manicuría de 3 meses para despejarse y de algún modo utilizan ese espacio de formación para hacer terapia personal, como un hobby.

Esto no tiene nada de malo, al contrario, son muchas las actividades o cursos que la gente realiza para despejarse un poco de su rutina diaria, por ejemplo, cursos de gastronomía, pintura y hasta moldeado de porcelana en frío.

Siguiendo con este concepto de formación, es una realidad que el compromiso por parte del estudiante, no es demasiado profundo, ya que generalmente cursa un solo día a la semana, y la carga horaria es de 3 o 4 horas por clase.

Es una realidad también, que los cursos de formación nunca van a desaparecer, ya que permiten a las personas probar muevas actividades, que muchas veces pensaron que nunca iban realizar. Conozco abogadas que han realizado cursos de maquillaje o estética, o arquitectas que realizan un curso de manicuría, porque les gusta ver sus manos perfectas y bellas.

Pero cuando hablamos de estética y cosmetología, más allá de que la mayoría de las ofertas académicas son a través de cursos empíricos, debemos pensar y recordar que la actividad se está desarrollando a través de tratamientos más complejos y profundos que sólo aplicar esmalte en una uña, cortar y repujar una cutícula o realizar un maquillaje para una fiesta.

Cuando las escuelas e instituciones comenzaron a ofrecer cursos de estética o cosmetología, nunca pensaron o visualizaron que la actividad iba a crecer tanto e iba a estar apoyada por aparatología compleja o productos de laboratorios tan específicos como ácidos que descaman la epidermis de la piel logrando un rejuvenecimiento en 6 sesiones.

Está claro por qué no lo vieron, muchas de estas escuelas se iniciaron hace 20 o 30 años junto con la actividad y el sector, y en ese tiempo lo más complejo que existía en aparatología era un bio ray, un horno de bier o un alta frecuencia, un equipo que posee un tubo de vidrio con ozono dentro y al aplicarlo en la piel genera entre otras cosas una oxigenación, y que además se sigue usando en estos días.

El sector evolucionó y la actividad también, muchas empresas comenzaron a desarrollar productos y equipos cada vez más complejos y la formación profesional no acompañó ese crecimiento, muchas de las ofertas académicas se quedaron en la limpieza de cutis con dos esponjitas y la aplicación de un tónico astringente.

Pero... ¿es tarde para sumarse a este crecimiento y reconocimiento en la profesión? La respuesta es no, pero debemos comprender por qué muchas ofertas académicas siguen siendo a través de 6 o 9 meses de formación.

El primero de los aspectos que debemos tener en cuenta es el de cómo es vista la actividad, esto significa que aún se sigue viendo a la estética o la cosmetología como una actividad más o como un hobby. Lo que ayuda mucho a esta percepción de las personas o consumidores de la estética es que no se ve a la profesional de la estética como una persona que ha estudiado mucho para dedicarse a su actividad. Esto no es así, al contrario, la mayoría de las profesionales en actividad han realizado infinidad de cursos y capacitaciones en todos los lugares y escuelas en donde han podido, ya que al no existir una homologación de contenidos básicos en las escuelas, ellas tuvieron que capacitarse en otros lugares. Pero muchas de ellas, siguen teniendo una visión romántica de la actividad.

Otro aspecto es que la sociedad en su conjunto, no ve como exigencia básica que una esteticista deba estudiar 2 años o más para formarse, es decir, está socialmente aceptado, que con un curso es suficiente.

Aquí un ejemplo de cómo es la formación habitual en peluquería y nos sirve para comprender esta percepción del estudiante o el desconocimiento del tiempo que va a invertir en su formación. Quizás se sorprendan del resultado.

Lo primero que tenemos que plantearnos, es en qué radica esta diferencia de duración entre un curso de 9 meses o una tecnicatura superior 2 o 3 años. Dependiendo las leyes educativas de cada país o provincia.

Un ejemplo muy gráfico es el sector de la peluquería, en donde la duración de los cursos promedia los 10 meses, luego el profesional peluquero tiene o debe realizar estos famosos cursos de perfeccionamiento, en corte con filo navaja, corte con máquina, brushing, extensiones, perfeccionamiento en color; una de las falencias más grandes que tienen los profesionales peluqueros debido al poco tiempo de formación que poseen es este aspecto, también en química o cosmética capilar.

En resumen cada perfeccionamiento dura unos 3 meses en promedio, ya que en su formación inicial no llegó a comprender ni la teoría ni la práctica de muchos conceptos formativos, cursando una vez por semana 3 o 4 horas. Entonces, si calculamos 5 cursos de perfeccionamiento por 3 meses nos da 15 meses, sumados a los 10 meses del curso básico, resulta en promedio 25 meses.

Estos 25 meses de estudio, se acerca mucho a los 2 años de cursado de una carrera, ya que el cursado es de marzo a diciembre, y si sumamos, nos daría como resultado 20 meses. Es decir, todo profesional peluquero sin tenerlo planeado, termina estudiando 3 años o más, ya que su formación inicial carece de lo necesario para ejercer, sin mencionar la falta de confianza que adquirieron en su formación para poder realizar su trabajo.

Entonces, por qué nadie, o mejor dicho, pocas personas, estudia una carrera de 2 años para ser peluquero, esteticista o cosmetóloga. Primero, porque existe muy poca oferta académica, o sea, pocas instituciones lo ofrecen; segundo, el sector está acostumbrado, o mejor dicho, dentro de los usos y costumbres, la mayoría de las personas no le da la importancia que merecen dichas profesiones, y está socialmente aceptado que para ser peluquero, sólo con un curso puedo desempeñarme como tal y el aspecto más importante, ninguna regulación legal en la materia lo exige, sin olvidarnos de la famosa frase, **RÁPIDA SALIDA LABORAL**, de la que hablaremos luego.

Estoy seguro, que si existiera una oferta académica en peluquería de 2 años y esto permitiera nivelar a las profesionales empíricas para que puedan sumarse al plan de estudio, habría muchos interesados en acceder a la misma. Pero debe estar apoyada en una regulación y reglamentación que controle la actividad.

Les comparto una conversación que encontré un día en un grupo de una red social, para ponerlos en situación. Es una conversación que se estaba realizando, entre un grupo de colegas peluqueros, mientras la clienta estaba sentada en el salón de peluquería. Los nombres van a ser ficticios por cuestiones obvias, pero el diálogo es real, y me sorprendió tanto, que realicé una copia. La copia es textual por eso encontrarán errores de ortografía, quizás haya sido porque la profesional estaba apurada o nerviosa, realmente desconozco:

XXXXXXX. buenas noches colegas! es urgente tengo a una clienta decolorando y me queda muy amarillo el pelo ya lo hize dos veces digan por favor que hcer????? estoy deseperadaaa

Me gusta · A 5 personas les gusta esto.

XXXXXXXXX no me sigue decolorando pensaba ponerle un 9/12 que les parece???

14 m · Me gusta

XXXXXXXXX no es mejor 9,22

13 m · Me gusta · 3

XXXXXXXXX 9.12 esta bien , aunque XXXXXXX tambien acierta con un 9.22 pero te puede quedar muy irisado, ya seria al gusto de ella

11 m · Me gusta · 2

XXXXXXXXXX Y q altura te dio???

8 m · Me gusta

XXXXXXXXXX 9/22 corrigue todos los rs2tos de amarillo o naranja

5 m · Me gusta · 2

XXXXXXXXXX utiliza .22 o en su defecto aplicale correctora naranja para neutralizar el amarillo

26 s · Me gusta

Les recuerdo que esta conversación se realizaba mientras la clienta estaba sentada en el salón de belleza, mientras los productos químicos se encontraban actuando en su cabello.

Aquí otra, más interesante, o en realidad más tenebrosa:

XXXXXXXXX Hola colegas una pregunta... una mujer embarazada masomenos de dos meses se puede realizar un shock de keratina ? estoy en duda y no quiero que corra ningun riesgo!

Me gusta ·

A 10 personas les gusta esto.

XXXXXXXXX Hola no no puede

XXXXXXXXX   del 1 al 5 mes se recomienda no hacer nada que contenga quimicos del 6to en adelante ya pueden hacerse tinte y shocks de keratina , keratina NO es recomendable

· Me gusta · 4

XXXXXXXXXX   Despues de los 5 meses! Y es conveniente q no!

· Me gusta · 1

XXXXXXXXX   Yo no lo hago directamente a embarazadas

· Me gusta · 2

XXXXXXXXXX Ha bueno muchas gracias,pasa q ella se lo queria hacer pero como me dijo que esta embarazada yo ahi empeze a dudar y dij q despues investigaba bien y se lo dcia..n kiero que est en peligro ni ella tampoco el bb x el tema q yo se q es fuerte el producto!!

· Me gusta · 1

XXXXXXXX Noooo lee hagassss si esta embarazada!!!

· Me gusta · 2

Depende, si el producto tiene formol o no.....no deberia tener....

· Me gusta · 1

XXXXXXXX Noooo es un riesgo q mejor no deberias correr, hacele un baño de crema profundo con calor ,nutre mucho con la cofia d calor

· Me gusta · 5

XXXXXXXXX   si tiene formol no de lo contrario si

· Me gusta · 4

XXXXXXXXXX no corras riesgo ofrecele una alquimia de ampollitas ,aceites y baños de cremas

Me gusta · 3

XXXXXXXXXX   Y un botox capilar?

· Me gusta · 1

XXXXXXXXXXX Cualkier tratamiento capilar con kimicos ... luego d los 3 meses y autorización firmada x medico.

· Me gusta · 2

XXXXXXXXXXXX   absolutamente ..no

Luego de leer estas situaciones, quizás podamos comprender un poco más del por qué es necesario tener conocimientos de química capilar, química cosmética, conceptos de bioseguridad y tantos otros que son necesarios para el ejercicio seguro y una práctica responsable. Y creo que también queda claro por qué un profesional peluquero no llega a comprenderlos en su formación. El tiempo de formación no es suficiente, y nadie se lo exige para ejercer.

Muchas veces hablamos de trabajos superficiales o de poco riesgo a la salud, la realidad nos dice todo lo contrario, y quizás muchas de las personas que están leyendo este capítulo, en alguna oportunidad han tenido algún inconveniente con su cabello en una peluquería. Pienso que la respuesta a ese inconveniente está más que clara. Si seguimos pensando que la actividad de la estética o la belleza la puede realizar cualquier persona y con cualquier tipo de formación, estamos lejos de evitar daños a la salud.

Hay países en donde ser peluquero requiere 2 o 3 años de estudio, como España o Italia, y los futuros profesionales comienzan a realizar prácticas en cabezas humanas recién a los 2 años de cursado, y también hay extremos como el estado de Colorado USA, donde la formación exige cumplir con 1500 horas de formulación, que si lo traducimos en años, pueden llegar a ser 6 años.

Retomando el tema que nos compete, la estética y la cosmetología, no dista mucho del ejemplo que tomé para tratar de explicar el porqué de la diferencia en la formación a través de cursos o tecnicaturas.

El ejemplo de la estética sería el siguiente

En el sector de la Estética, en donde la duración de los cursos también promedia los 10 meses, luego el profesional tiene que realizar cursos de perfeccionamiento, en:

- drenaje linfático

- masoterapia,

- química cosmética,

- técnicas de spa

- principios activos

- aparatología aplicada,

El resultado de todas estas instancias de formación son el mismo, 25 meses de formación, lo que nos da también 2 años y medio.

Entonces, *yo me hago una pregunta, una persona que desea ser bibliotecaria o archivóloga, debe estudiar tres años para lograr su tecnicatura, para luego manipular libros y aconsejar o sugerir al interesado sobre la lectura que desea leer y lejos de desmerecer la actividad, ya que requiere numerosos estudios en historia y en otras áreas, como tantas otras profesiones.*

En el sector que nos compete, tenemos una persona que manipula productos químicos, que utiliza aparatología especializada, que realiza su trabajo en la piel y en el cuerpo de personas, y en muchas ocasiones sin ni siquiera tener nociones básicas de anatomía, ¿¿¿sólo estudia 9 meses??? ¿Y en cualquier institución que le enseña a su antojo lo que considera que una esteticista o cosmetóloga debe conocer para desempeñarse en el campo laboral?

Está claro que el problema no radica en las personas que se capacitan, sino en la falta de reglamentación por parte de las autoridades competentes que hasta el momento no se enteraron de las muertes y lesiones causadas por manipulación de productos químicos como ácidos, biopolímeros, sustancias varias y aparatología de alta complejidad.

O tendríamos que preguntarnos si existe alguna especie de LOBBYE empresarial, que no le interesa que una peluquera o una cosmetóloga esté durante 2 o 3 años estudiando, ya que para comenzar a comprar sus productos va a tardar un poco más que 9 meses, por lo tanto, tendrán menos mercado cautivo de manera inmediata.

Todos los oficios que tienen que ver con la estética o la belleza profesional, surgieron como lo dice la palabra, justamente eran oficios, en donde no se requerían estudios profundos con conocimiento en otras áreas como la química y la anatomía, y se transmitía el conocimiento a través de una formación empírica.

El tiempo fue pasando y estos oficios se transformaron en parte de un gran mercado que mueve mucho dinero en todo el mundo. Sólo en Argentina, el sector del cuidado personal factura 11.000 millones de pesos anuales. Sin olvidarnos de la competencia, que algunos les llaman DESLEAL, porque apenas terminan el curso de 9 meses se instalan en el garaje de su casa, y comienzan a competir con un profesional que hace 20 años que lo es.

Esto no se llama competencia desleal, se llama improvisación, necesidad de trabajo y rápida salida laboral. Tema que requiere un pequeño análisis

El concepto de rápida salida laboral, lo escuchamos generalmente en las instituciones multipropósito como yo les llamo, y de algún modo, al expresar que su oferta académica tiene esta suerte de demanda de mercado insatisfecha, seducen a sus clientes para que estudien con ellos.

Sabemos de antemano que si una persona estudia estética, peluquería o maquillaje, va a conseguir trabajo mucho más rápido que si estudia astronomía o física nuclear. Pero muchas veces las personas que están necesitadas de trabajo, realizan cursos rápidos sin saber que la salida laboral no está dada sólo por lo que estudien, sino también, y lo más importante, por la manera en que se los va a formar y la actitud que tengan estos profesionales para lanzarse al mercado, las habilidades que tengan para venderse y vender su trabajo.

Todas habilidades que generalmente son innatas en las personas, pero si esta condición no existe de manera natural, dentro de los contenidos formativos pueden existir conceptos como Gestión personal o márketing de servicios, conceptos que generalmente no se ven en la oferta académica de estos famosos cursos con rápida salida laboral y ayudan mucho a las personas que no tienen experiencias laborales o en trabajos autónomos.

El sector de los profesionales de la estética debe comprender, que el objetivo de elevar la exigencia en la formación profesional, sólo tiene como premisa profesionalizar el sector para que de este modo se logre eficiencia y responsabilidad profesional, mejores prácticas y mejores resultados y lo más importante, reconocimiento social.

-QUE PROFESIONALES ESTA REQUIRIENDO EL SECTOR
-NUEVAS EXIGENCIAS LEGALES PARA EL EJERCICIO DE LA ESTETICA EN LATINOAMERICA
-QUE PROFESIONALES PODRAN EJERCER
-FORMACION EMPIRICA Vs FORMACION PROFESIONAL SUPERIOR
-ASPECTOS FUNDAMENTALES PARA NO CAER EN EL INTRUSISMO PROFESIONAL
-QUE INSTITUCIONES EDUCATIVAS NECESITA EL SECTOR Y CUALES SE EXTINGUIRAN
www.elcesedu.com

Panamá 2012

CAPÍTULO 6

CONCEPTOS PARA COMPRENDER EL SECTOR Y LA FORMACIÓN DE NIVEL SUPERIOR

Comenzar a escribir este capítulo fue algo que me incomodó mucho, ya que los profesionales que se dedican a definir los términos de los que hablaremos a continuación, son los Licenciados en Ciencias de la Educación, pero al parecer, dentro del sector de la formación empírica hay pocos de ellos trabajando o al menos hasta el momento no es un sector de su interés. Es por ello que tomé la decisión de incluir en este libro, conceptos que se utilizan habitualmente en toda Latinoamérica para describir formaciones académicas.

Siempre que nos referimos a la estética y a la cosmetología, encontramos términos similares o combinaciones de ellos, con el objetivo de transmitir bajo un nombre, lo que se va a enseñar al futuro profesional.

Algunos de estos términos son:

- Esteto cosmetóloga
- Esteticista
- Estética Facial Cosmiátrico
- Cosmetóloga
- Cosmiatra
- Cosmetóloga Médica
- Cosmetóloga Científica
- Cosmiatra Esteticista
- Esteticista Corporalista
- Dermocosmiatra
- Cosmetóloga Cosmiatra
- Cosmiatra Cosmeceutica
- Esteticista Paramédica
- Auxiliar de osmiatría
- Máster en Cosmetología y masofilaxia
- Máster en Cosmiatría
- Máster en Aparatología Aplicada
- Tecnicatura en Aparatología Aplicada
- Diplomatura en Dermocosmética
- Diplomado en Estética Facial y Corporal

Estos términos son algunos de los más utilizados por las instituciones educativas en toda Latinoamérica, muchos de ellos significan lo mismo, o intentan hacerlo, debido a que no existe hasta el momento una homologación latinoamericana y mucho menos a nivel mundial, sobre las actividades que estos profesionales realizan, del mismo modo, carecen de límites a la profesión, o dicho de otra manera, cuál es el alcance de la actividad.

Es por ello que trataremos de definir, algunos conceptos sobre el sector, tomando como referencia los utilizados en Argentina y en la mayoría de los países de Latinoamérica, más allá de las combinaciones o fusiones de conceptos que cada país realice.

COSMETÓLOGA

Es una disciplina que se encarga de la evaluación, conservación, embellecimiento y cuidados estéticos de la piel sana, aplicando diferentes técnicas, productos y aparatología autorizada u homologada por autoridades competentes. Generalmente se asocia a la cosmetología con tratamientos que se realizan en el rostro, cuello y escote.

Todos los tratamientos que realiza la cosmetóloga, son en el rostro, cuello y escote, lo que no significa que posea también conocimientos en otras áreas, como el drenaje linfático, que puede realizarse en el cuerpo o bien en el rostro, para lo cual se debe tener un profundo conocimiento para no producir un daño en la salud.

Hago esta salvedad debido a que existen programas educativos, en donde se incluye dentro de la cosmetología, conceptos como masoterapia, técnicas de relajación y depilación.

COSMIATRÍA

Es una disciplina que se encarga de realizar procedimientos de prevención, conservación y recuperación de la piel sana o requirente de una acción terapéutica a través de una prescripción, control y evaluación de un profesional médico. De este modo podemos decir que la cosmiatría es un área de la dermatología en donde se trabaja para mejorar la calidad de la epidermis y la dermis, a través de procedimientos más invasivos que los cosmetológicos.

El profesional en cosmetología y cosmiatría debe estar preparado para reconocer y tratar afecciones elementales dermatológicas, con la adecuada derivación al médico dermatólogo, con el que debe realizar un trabajo interdisciplinario. De acuerdo a la siguiente Fuente, ANEXO 2 DEL DECRETO N 1193 10, de la reglamentación del ejercicio de la actividad de la cosmiatría, artículos 66 y 67 de la ley 6222, de la provincia de Córdoba, Argentina.

Generalmente, y durante mucho tiempo, se realizaba un curso de 9 meses de cosmetología y luego otro curso de 3 meses más sobre cosmiatría, al menos en Argentina, es de allí, que algunas profesionales se hacen llamar cosmetólogas o cosmiatras. Por otro lado, años atrás, muchas profesionales directamente estudiaban 2 años cosmiatría, en hospitales y con médicos dermatólogos, con los que trabajaban de manera conjunta e interdisciplinaria. Pero hace mucho tiempo que esta modalidad de estudio no existe, o en realidad, son pocas las profesionales que se forman de esta manera.

Dermocosmiatra

Las definiciones que podemos encontrar de esta especialidad son muchas y variadas, la idea es compartirles un concepto con el objeto de que se comprenda la diferencia con la palabra cosmiatra.

Se puede definir a la dermocosmiatría, como una combinación de dos disciplinas, la cosmiatría y la dermatología, en donde se utilizan técnicas de la cosmiatría con conocimientos en dermatología. En donde el profesional realiza protocolos de trabajo con profundidad biológica.

De este modo, también encontramos conceptos como dermo cosmética o dermo estética, en donde son conocimientos y técnicas que se combinan para dar nuevas respuestas y nuevos tratamientos.

Estética Corporal / Esteticista

Disciplina que se encarga del embellecimiento y los cuidados estéticos corporales, como el tratamiento de la celulitis, adiposidades localizadas, drenaje linfático o masajes reductores utilizando técnicas, protocolos de trabajo, producto de laboratorios y aparatología especializada, para lograr los resultados deseados.

El profesional de la estética corporal, debe contar con todos los conocimientos técnicos necesarios para identificar y tratar diferentes afecciones o inesteticismos por sí mismo o apoyado por médicos de diversas especialidades, respetando siempre los límites científicos y estéticos de la medicina.

OFICIALIDAD EN EL SECTOR DE LA ESTÉTICA Y LA COSMETOLOGÍA

Generalmente, cuando hablamos de oficialidad, nos referimos a una oferta académica de una carrera de 2 o 3 años de duración, que se dicta a través de una institución adscripta a la educación formal oficial y cumple con los requisitos del Ministerio de Educación provincial o nacional de un país.

Oficialidad que de no existir una ley de nivel nacional que reglamente y regule la actividad, no sirve de nada, sólo sirve para diferenciarse del resto de la oferta académica. Les recuerdo que al momento de editar este libro, noviembre de 2014, sólo hay un antecedente de ley en la Pcia. del Chaco, Córdoba y Santa Fe. Y es sobre la cosmetología.

Este ejemplo de oficialidad, que además de tener aval provincial, tienen alcances en todo el territorio nacional, se refiere a que si una alumna estudia en La Rioja, una tecnicatura en estética oficial, y luego desea trabajar en un centro de estética de Buenos Aires, ciudad en la que existen tecnicaturas de 6 meses no oficiales, con cursado de una vez al mes de 7 horas y con mezclas de contenidos que no son propios del sector. Su tecnicatura oficial, sólo le servirá para diferenciar su aprendizaje, matricularse como auxiliar de la salud en algún Ministerio de Salud y en buena hora, pero hasta que no exista una ley de alcance nacional, y por qué no, internacional, que contenga la exigencia de ser técnica de nivel superior para poder ejercer, esta alumna, sólo será una profesional más del sector, con una formación muy superior a la media. Pero que a la vez deberá competir en el mercado laboral, con otras profesionales que no han realizado el mismo trayecto de formación.

Y cuando hablamos de ejercer la profesión en otros países de Latinoamérica, ocurre lo mismo, una cosmetóloga, que estudió en Argentina, quizás tenga inconvenientes para ser estetocosmetóloga en Colombia, ya que los planes de estudio, seguro difieren en un 50 %, ya que la cosmetóloga en Argentina estudió cosmetología y no estética, en la mayoría de los casos.

El concepto de oficialidad está muy arraigado en los países de Latinoamérica, primero porque si se estudia en una universidad, pública o privada, se supone que los títulos que entregan son oficiales. Pero debido a que la mayoría de la oferta académica, en estética y cosmetología se dicta en instituciones privadas, que no son universidades. Algunas de estas instituciones deciden adscribirse a la educación formal u oficial, para marcar una diferencia en la formación.

Paradójicamente, las escuelas más famosas y reconocidas del mundo en cuestión a diseño, gastronomía, y muchos otros sectores, no son oficiales. Tienen su prestigio gracias a su excelencia académica, su malla curricular y a su exigencia por parte de docentes expertos en lo que transmiten.

Muchas veces, los Ministerios de Educación o de Salud, no están muy al tanto de los oficios que están creciendo de manera desmedida y que requieren una reglamentación o en su defecto una oficialización.

En primer medida no lo están, debido a que por lo general, estos ministerios se ocupan de las actividades educativas de mayor demanda o más tradicionales, lo cual les lleva mucho tiempo debido al poco personal asignado a las tareas de contralor o diseño de planes educativos. Quizás tampoco sea su función la de generar propuestas académicas nuevas, ya que están enfocados en controlar y mejorar la educación básica inicial, como el pre escolar, el ciclo primario, el secundario y luego el de pre grado, es decir las tecnicaturas, y el de grado, las licenciaturas.

Tampoco podemos pretender que un Ministerio de Educación, al menos en Latinoamérica, se anticipe a cuáles serán las carreras del futuro, o en su defecto, qué oficios necesitarán formación superior, debido a una explosión en la demanda.

En segunda medida, estos ministerios, siempre están supeditados a políticas de Estado, que son las que le fijan los objetivos de trabajo y la toma de decisiones de los responsables de estos ministerios, está muy influenciada, por las políticas generales de un país.

Lo que sí es responsabilidad de estos ministerios, es interiorizarse de lo que acontece con el sector educativo no formal, es decir, el sector que forma empíricamente en áreas que tienen que ver con la salud de las personas, y la cual puede verse afectada, si no existe una intervención de ellos. Sabemos muy bien que en muchas ocasiones estos ministerios no poseen el conocimiento de sectores productivos que están en auge, como la estética y la cosmetología, de hecho, siempre que se generan ofertas académicas nuevas, surgen a través del sector privado, que está en constante movimiento.

Entonces, lo mejor que pueden hacer estos ministerios es interiorizarse sobre la problemática y solicitar asistencia de asociaciones, instituciones y personas idóneas en el sector, para que de este modo se desarrolle un trabajo en conjunto, para dar respuesta y soluciones a una problemática, que afecta a muchas personas.

En resumen, la existencia de oficialidad en la oferta educativa, es un buen comienzo, pero debe estar apoyado en reglamentaciones y controles nacionales y en concordancia con leyes de otros países, para que de este modo, el futuro profesional, sepa cuáles son sus opciones de estudio.

¿QUÉ ES UNA MATRÍCULA?

Una matrícula es un número de registro, con el cual un profesional acredita su actividad y a la vez, ese número de matrícula está asentada o registrada en un colegio profesional que regula la actividad en cuestión. Un ejemplo de esto es el de los profesionales médicos, abogados, arquitectos, kinesiólogos, etc.

Por qué me tomo el trabajo de explicar este concepto tan básico y que para muchos de los que están leyendo este libro, quizás sea motivo de asombro. Sencillamente porque el 95 % de las esteticistas y cosmetólogas en ejercicio de su actividad, hablan de su matrícula e inclusive la publican en sus tarjetas personales y sus publicidades en revistas barriales, como si fuera una matrícula real.

Para entender en detalle lo que quiero explicar, debemos hablar de por qué sucede esto y la mejor manera de hacerlo, considero que es, explicando un poco cómo se maneja el sector de la educación profesional de la estética y la cosmetología en Argentina, y muchos países de Latinoamérica, para no decir todos.

La mayoría de las escuelas de estética, cuando entregan el certificado a sus alumnas, en el mismo incluyen un número de matrícula, e inclusive, ese mismo número se replica en un carnet, con el cual acreditan que son profesionales de la estética y les facilita adquirir productos profesionales con sus respectivos descuentos en comercios o distribuidoras de venta profesional. Este modus operandi lo realizan todas las escuelas a fines de tener registrado cuándo egresó esa alumna y cuál es su especialidad.

Es una práctica que se realiza en todo el ámbito nacional, y de hecho, a algunas escuelas que tienen muchas sucursales les facilita el trabajo a la hora de tener que reimprimir un diploma o carnet, ya que en el mismo número de matrícula se incluye la sucursal y la provincia en donde estudio esa profesional.

Hasta aquí, todo perfecto, el problema puntual radica en que son pocas las escuelas que les explican a sus alumnas, que ese número de matrícula que les entregan, es un número de matrícula interna, es decir, de la escuela, para saber dónde está su ficha de inscripción y legajo, si es que existe la metodología de llevar un registro de sus ex alumnas. La mayoría de las escuelas no realizan esta explicación a sus alumnas, el primer día de clases y es allí, en donde se comienza a confundir o en realidad a desinformar a las futuras profesionales, hasta que ellas mismas se dan cuenta, que ese número que tienen en el diploma o carnet, no les sirve o no las respalda a la hora de responder ante una inspección del Ministerio de Salud u otro organismo de control, ya que esa matrícula, no está registrada en un colegio profesional y mucho menos en el Ministerio de Salud.

Sinceramente, en ocasiones no comprendo este tipo de maniobras, es posible que esta práctica habitual se realice porque nadie controla las escuelas, o quizás las mismas escuelas, son las que subestiman a las profesionales, la actividad o el sector. Muchas de estas escuelas no están comprometidas con la actividad y no se toman el trabajo de explicar estas cuestiones a su alumnado.

¿QUIÉN ENTREGA UNA MATRÍCULA?

Una matrícula la entrega un colegio profesional constituido para proteger, regular y velar por la actividad en cuestión. Un colegio posee todos los instrumentos legales y jurídicos para poder contener las necesidades de los profesionales que a él pertenecen.

En el caso de no existir un colegio profesional de esteticistas y cosmetólogas, de hecho solo existe en la provincia de santa fe, creado recientemente a través de la promulgación de una ley. En el resto de Argentina no hay antecedentes de colegios, ni en países de Latinoamérica,, salvo en donde ya exista una ley, regulación, reglamentación y matriculación legal. La matrícula la entrega el Ministerio de Salud, provincial o nacional. Los Ministerios de Salud poseen un área de matriculación profesional, en donde por ejemplo, todos los auxiliares de la salud luego de recibirse en su especialidad, realizan el trámite de matriculación, que es personal, y sólo se debe cumplimentar las exigencias puntuales de la actividad, como la copia del título expedido por una institución oficial, y otros requisitos que van actualizándose a medida que el ministerio lo considere.

De este modo, podemos afirmar que ninguna institución educativa, al menos del sector que estamos hablando, sea oficial o no, tiene la autoridad o facultad de entregar una matrícula profesional para el ejercicio de la actividad. Sólo puede realizar este trámite un Ministerio de Salud o colegio profesional, cuando exista.

¿QUÉ ES UNA TECNICATURA?

Una tecnicatura es una formación técnica superior que suele tener una duración de entre 2 o 3 años, dependiendo de su carga horaria y que está avalada por el Ministerio de Educación nacional o provincial, lo que la hace oficial y en donde el alumno podrá disponer de contenidos interdisciplinarios a fines de poder realizar su trabajo técnico con todas las herramientas que ha podido comprender durante su formación.

Una tecnicatura, puede ser dictada por una universidad o por un instituto técnico superior acreditado a la educación formal y oficial de cualquier país.

Hago esta breve explicación en función a la gran oferta académica que existe en el sector de la estética en donde encontramos términos como:

- Tecnicatura en aparatología aplicada

- Tecnicatura en uñas

- Tecnicatura en spa

- Tecnicatura en masajes

Y tantas otras tecnicaturas que pueden llegar a sorprender con sólo ver su duración y carga horaria. Hace poco tiempo tuve la oportunidad de encontrar una oferta académica, que rezaba lo siguiente: "tecnicatura superior en estética, cosmiatría y nutrición", con una duración de 6 meses, con un encuentro mensual, es decir una sola vez por mes, y con una carga horaria de 6 horas cada encuentro.

Es evidente que esta tecnicatura no es dictada ni por una universidad, ni por un terciario acreditado, sólo por un grupo de profesionales de varias áreas que se agruparon para dar una formación diferente. La idea es buena, sólo que el nombre de la oferta carece de legalidad, pero es tan atractivo, que llama la atención.

Está muy claro que las instituciones, por llamarlas de este modo, lo que buscan con estos nombres pomposos, es de algún modo, seducir a los futuros alumnos haciéndoles creer que si realizan una tecnicatura en uñas de 3 meses, van a ser técnicos en uñas o expertos repujando cutículas. Quizás otras instituciones, lo que buscan es tratar de explicar que los alumnos comprenderán técnicas puntuales para realizar su trabajo profesional, pero considero que no es la mejor manera de expresarse, cuando este tipo de ofertas académicas carecen de respaldo educativo.

Es por eso que existen tecnicaturas como:

• Prótesis dental

• Óptica

• Educación física

• Informática

• Corredores inmobiliarios

• Martilleros públicos

Actividades que durante mucho tiempo no estaban reguladas o reglamentadas y teníamos el caso de que una persona nos cobraba "x" cantidad de dinero por hacer de nexo entre comprador y vendedor de un propiedad, sin ser nada, es decir, sin tener una matrícula, un procedimiento, un protocolo; de este modo, cualquier persona, intercedía en un negocio entre particulares y ganaba dinero, de allí surgió la reglamentaciones de los corredores inmobiliarios. Parece loco, extraño y hasta sorprendente, pero así surgen las reglamentaciones en muchas actividades, oficios que se tornan actividades muy rentables, que requieren regulación,

A raíz de un crecimiento en la demanda se comenzaron a regular, y lo que les siguió fue la oferta académica técnica de nivel superior, por parte de terciarios constituidos para tal fin o ya existentes en otras áreas que incorporaron estas carreras, para poder formar a los futuros profesionales en estas actividades, luego hablaremos de qué se hace con los idóneos o empíricos, formados con antelación a estas reglamentaciones.

¿Qué es una Diplomatura?

Una diplomatura, o diplomado como se le llama en Centroamérica, generalmente es un curso superior, dirigido o destinado a profesionales que necesitan o requieren una actualización o formación superior para su área de trabajo.

En muchas ocasiones se les llaman diplomaturas, en lugar de decirles curso superior, ya que la palabra curso, menosprecia de antemano la oferta académica que se quiere ofrecer. Y más aun cuando tenemos tantas tecnicaturas disponibles de 6 meses a nuestra disposición. Tenemos tan arraigado el concepto de que un curso es algo sencillo y fácil de realizar y que además cualquier persona lo realiza, sin formación previa, ni requerimientos puntuales para poder acceder, cuando la realidad nos dice que cursar algo nuevo o novedoso nos actualiza y nos prepara de una manera noble, sin necesidad de realizar un MBA O MASTER en algo, que luego desarrollaremos.

Esta es una opinión muy personal, e inclusive tuve la oportunidad de ser el director de una diplomatura y el profesor de la misma, en una prestigiosa Universidad de la Ciudad de Córdoba, Argentina, de la cual también fui alumno en épocas anteriores. Y la opinión se refiere a que toda oferta académica debe ser evaluada antes de cursarla en función a nuestras necesidades profesionales, más allá de quien la imparta o quien la avale.

Comento esto, porque muchas universidades, terciarios, y profesionales independientes sin estructura académica o edilicia, ofrecen diplomaturas dirigidas al sector de la estética y la cosmetología, con un programa cargado de contenidos muy aislados y con información general, por ejemplo Diplomatura en Dermocosmética, la cual nos va a nutrir de conocimientos sobre piel, afecciones, aparatología, fabricación de jabones y perfumes e interpretación de etiquetas en los productos cosméticos, ni siquiera, conceptos de nomenclatura INCI.

Formación que no realiza una pequeña nivelación previa a quienes van a realizarla, es decir, hay diplomaturas que están dirigidas a esteticistas, cosmetólogas, peluqueras, manicuras, farmacéuticas, costureras y dueñas de maxikioscos, que por el simple hecho de poder exponer en su gabinete un certificado o diploma de una universidad, es que la realizan. Y lo peor del caso, es que piensan que al realizar este tipo de diplomatura en una universidad o a través de internet, las avala para algo.

Generalmente, las diplomaturas carecen de un aval del Ministerio de Educación, o en realidad, los entes que regulan la educación universitaria, CONEAU, en Argentina, no avalan diplomaturas, ya que sólo son cursos impartidos por estas casas de altos estudios.

Entonces, está bien realizar una diplomatura, sí, claro que sí, siempre que se siga estudiando y capacitándose dentro del sector, es algo bueno, ya que la educación y los contenidos evolucionan y se actualizan, pero no debemos sesgarnos por los nombres o títulos que nos ofrezcan e impartan cualquiera de las instituciones o profesionales independientes, por más buenos y renombrados que sean, sólo debemos comprender de qué se trata lo que estamos cursando o deseando aprender.

¿Qué es un Máster?

Ya en esta instancia de lo que venimos hablando, me da un poco de corte o incomodidad, tener que explicar este concepto. Primero porque no soy Licenciado en Ciencias de la Educación, y segundo, porque me parece terrible que tenga que aclararlo yo, en este relato. Pero luego entenderán el porqué.

Pero ya estamos avanzados y comprometidos con esta causa, así que es parte del proceso, y siempre que se trate de trasmitir lo que humildemente se piensa, considero que no está mal.

Un máster o maestría, se refiere a un estudio de pos grado que realiza un profesional dentro de su actividad, luego de que transitó un trayecto académico, de grado, es decir, un licenciatura de 4 o 5 años. Y que generalmente algunas casas de estudios exigen experiencia laboral previa para que este máster les resulte más beneficioso. Ya que generalmente, este tipo de estudios superiores están destinados a enfocarse a problemáticas puntuales.

Este profesional requiere de otros conceptos formativos y actualizados, que le van a proporcionar una formación superior a la que obtuvo en sus estudios previos. Y en esta instancia tengo que pedir disculpas nuevamente a cualquier Licenciado en Ciencias de la Educación que esté leyendo este párrafo, porque seguramente, el concepto de maestría es mucho más amplio. Pero necesariamente tengo que traer este concepto debido a las ofertas académicas referidas al sector del cual estamos tratando de desarrollar.

Dentro del sector de la estética, es muy común ver ofertas académicas como:

- Máster en estética

- Máster superior en cosmetología

- Máster en dermatocosmiatría

- Máster en cosmetología y masofilaxia

- Máster en aparatología aplicada

- Post grado en aparatología

Todos conceptos o nombres que se refieren a una capacitación que dista mucho de lo que es una maestría, no obstante hay algunas instituciones que han evolucionado de manera rápida y han tomado el concepto de las clases grupales de actividades físicas al aire libre, las llaman Máster class en estética y cosmetología superior. Haciendo alusión a que si vas a esa clase, vas a comprender todo lo que necesitas saber sobre aparatología, y en sólo 4 horas.

Todo lo que no comprendiste en tu curso de 9 meses, vas a entenderlo en este máster class. Pienso que deberían detenerse a pensar un poco lo que están ofreciendo y vendiendo o al menos instruirse un poco, sobre estos conceptos formativos.

En esta instancia, me cuesta mucho tratar de explicar la gran decepción o enojo con respeto a este tipo de prácticas, por así llamarlo, pero creo que se va a evidenciar más a través de esta experiencia que tuve hace 3 meses.

Recibo un llamado en la escuela en donde tratamos fervientemente de dar información fidedigna y veraz del sector, que en ocasiones es difícil de explicar debido a la desinformación que se imparte en otras instituciones.

El llamado comienza de esta manera: Hola, sí, quisiera saber qué cursos dan allí, porque yo soy MÁSTER en maquillaje, y quisiera saber si ustedes tienen algo más, superior a lo que ya estudié. Mássss superior…

Creo que no tengo que aclarar nada, más allá de la extensa explicación que le proporcioné a la MÁSTER en maquillaje, y me tuve que morder los labios para no decirle la realidad, considero que se debe ser cauto y específico en lo que se ofrece a nivel de capacitaciones profesionales, ya que al no existir un marco regulatorio en muchas actividades inherentes al sector de la estética y la belleza, muchas personas creen que son máster chef en lo que hacen día a día.

Ella debe estar muy contenta y realizada con su cartulina que dice MÁSTER EN MAQUILLAJE, y que expone orgullosamente en su gabinete o el algún espacio dentro de su casa. Pero debe ser muy triste el momento en donde se encuentre con la realidad y si en un momento de lucidez, llega a googlear Máster. Creo que se dará cuenta de todo, eso espero. Pero ella no tiene ninguna culpa, o responsabilidad, sólo la tiene la escuela que le vendió y le entregó esa cartulina. Escuela que quizás no esté inscripta ni si quiera en la municipalidad o ayuntamiento de su localidad.

Ayuntamiento que ni siquiera tiene conocimiento de lo que es una esteticista, cosmetóloga o terapeuta floral. Parece despectivo el concepto o el relato, pero no lo es. La mayoría de los municipios o gobiernos, no tienen la menor idea de lo que es la actividad, y mucho menos, tienen bases sólidas para reglamentarlas, por su desconociendo y algo que yo considero más grave, por la subestimación del sector.

¿QUIÉN AVALA Y OFICIALIZA LA EDUCACIÓN?

Los únicos organismos que pueden y tienen la autoridad de oficializar la educación en todos los niveles —ya sea primarios, secundario, o terciario—, en Argentina, y la mayoría de los países, a nivel público o privado, es decir, en donde se abona una mensualidad, es el Ministerio de Educación Provincial o Nacional.

En muchas ocasiones, nos encontramos con ofertas académicas que están avaladas por los siguientes entes.

- Ministerio de Producción

- Ministerio de Trabajo

- Ministerio de Industria, Ganadería y Pesca

- Organismos que fomentan la capacitación en general

Y mucho otros, que dependen de entes gubernamentales

Si bien estos organismos tratan de respaldar las capacitaciones que brindan algunas instituciones, carecen de autoridad para oficializar un curso o una carrera, ya que no es menester de ellos.

En otras ocasiones, aparece en escena el Ministerio de Salud, que dicta resoluciones, acompaña algún decreto, y a la vez, reglamenta una actividad en particular. Pero en ninguna instancia oficializa la formación de una carrera, o un curso, salvo excepciones puntuales como un curso de auxiliar en farmacia, u otras carreras relacionadas directamente a la salud.

En otras ocasiones, encontramos una oferta académica, como auxiliar en clasificación de granos, o perito clasificador de semillas, que es una actividad muy puntual, y en esos casos sí, los avales son del Ministerio de Agricultura. Pero son casos muy puntuales.

Toda esta explicación, tiene que ver con la realidad del sector ya que son muchas las ofertas académicas que ofrecen avales, que carecen de legalidad educativa. Una asociación de médicos, una federación de profesionales de la salud, o un grupo de profesionales de diversas áreas, no puede oficializar ninguna oferta educativa, sólo puede respaldar los contenidos que se van a brindar y asegurarse que se dicten de manera correcta.

Estas prácticas también afectan al sector, debido a que muchas profesionales acceden a estas formaciones, pensando que luego de realizarlas, van a estar avaladas o respaldadas por alguna entidad que tiene facultades para hacerlo.

Santa Cruz de la Sierra, Bolivia 2013.
Entrevista en ATB, Televisión abierta

Capítulo 7

Aspectos fundamentales para no caer en el intrusismo

Intrusismo profesional

Concepto:

Es el ejercicio de actividades profesionales por persona no autorizada para ello. Puede constituir delito.

Es el ejercicio fraudulento de una profesión sin la titulación necesaria. Por lo que se dan dos condiciones:

1. Requerimiento de una titulación profesional oficial. En los oficios generalmente viene dada por institutos o escuelas de formación profesional. En las profesiones son las universidades quienes conceden los diferentes grados de formación adquirida (diplomado, licenciado, doctorado). En algunos países (ej.: España) el título oficial finalmente lo registra y entrega el Ministerio de Educación.

2. Entidad reguladora y controladora del ejercicio profesional. Antiguamente eran los gremios, en la actualidad suelen ser los colegios profesionales, y en su defecto, las instancias judiciales correspondientes. Fuente: Wikipedia

Cuando hablamos de intrusismos en estética, nos referimos a la actividad que realizan esteticistas y cosmetólogas para lo cual no han sido formadas y en la mayoría de los casos no poseen los conocimientos necesarios para tal fin. Como hemos explicado anteriormente, en la mayoría de los países de Latinoamérica no existe regulación ni reglamentación de la actividad, por lo que tampoco está delimitado el campo ocupacional ni el perfil profesional de una esteticista o profesional de la belleza, generalmente estos límites a la profesión se fijan de manera personal, en función a lo que les dicta su conciencia, su sentido común o en el mejor de los casos, el miedo que le produzca realizar un tratamiento invasivo a una clienta.

Ese concepto se comenzó a escuchar hace un tiempo en función a daños a la salud que se ocasionaban en clientas que se realizaban tratamientos en centros de estética.

Muchos de ellos ocasionados por la inyectología, aplicación de sustancias de uso médico, para tratamientos reductores o reafirmantes.

Los casos más comunes de intrusismos, se refieren a la aplicación de mesoterapia, botox, ácido hialurónico y biopolímeros como el metacrilato, que es un relleno sintético utilizado mayormente para tratamientos reafirmantes en el rostro o en áreas pequeñas, debido a su alto costo.

Que por cierto se compran en cualquier lugar sin ninguna prescripción al respecto ni identificación de profesional médico, e inclusive, en algunos países se vende de contrabando en estacionamientos de autos y parkings como si estuvieran vendiendo una sustancia prohibida.

Es descabellado pensar que una persona que no tiene conocimientos en inyectología y anatomía, aplique una inyección de mesoterapia en una clienta, sin antes ni siquiera conocer su historia clínica, procedimiento que realizan mayormente los médicos.

Evidentemente no es tan descabellado, ya que en Latinoamérica mueren cientos de personas al año, en manos de esteticistas, cosmetólogas y hasta enfermeras inescrupulosas, que sólo tienen una vaga idea de cómo se realiza este tipo de procedimientos invasivos, los cuales requieren una serie de estudios previos del paciente.

La mayoría de ellas, realiza estos tratamientos avaladas por algún médico, que les enseña y les vende también los insumos para la aplicación. Además es común que les realicen una fotocopia a su título para que esta esteticista lo cuelgue en su gabinete y de algún modo, con este papel, ella se siente avalada para el procedimiento que realiza.

Los casos en donde más se practica intrusismo y en consecuencia se ha dañado y se sigue perjudicando la salud de las clientas, son en los que se les aplicó biopolímeros, siliconas líquidas o una mezcla de productos, que sólo lo sabe el que lo aplicó, ya sea en glúteos, piernas, o en cualquier parte del cuerpo en donde, dentro de la ignorancia de estas seudo profesionales poseen, consideraban que podían aplicarlo.

La gravedad de esta situación radica primero en el daño que producen a la comunidad y segundo al desprestigio que le ocasionan al sector. Porque si bien existen muchas profesionales que se dedican a estas actividades no reguladas, la mayoría no practica estos tratamientos y conocen muy bien el límite de su profesión.

Debido a que en las escuelas donde se formaron se les explicó muy bien los campos ocupacionales, más allá de las leyes vigentes o regulaciones existentes.

Es deber de las instituciones educativas, transmitir estos límites, y la institución que no lo haga, quizás tenga algún interés particular en no transmitirlo.

Algunos intrusismos podemos resumirlos de la siguiente manera

• Masaje terapéutico, entendiendo éste como un masaje que se realice para el restablecimiento de la salud

• Sugerencias sobre nutrición y alimentación

• Inyectología de cualquier tipo

• Tratamientos de rehabilitación

• Utilización de equipos láser o similares

Los factores que permiten que esto suceda, podemos separarlos en dos aspectos. Muchas de estas seudo profesionales que aplican biopolímeros, son inducidas o tentadas a realizar estos procedimientos por el hecho de facturar más dinero,

dinero que en muchos casos supera a cualquier tratamiento que ella misma ofrece en su centro y que además le lleva 20 sesiones lograr un resultado similar.

El otro factor, es que muchas veces en algunos países en donde es moneda corriente este tipo de procedimientos en manos de profesionales no formadas, son las mismas clientas las que inducen a su profesional amiga a aplicarle bótox o biopolímeros.

Sencilleramente, porque la conocen desde hace tiempo, de algún modo sabe de su experiencia en tratamientos estéticos, y lo más importante, al aplicárselo con ella va a pagar mucho menos dinero que en un centro médico autorizado y de la mano de un especialista en medicina estética.

Lo que cuesta comprender es por qué este tipo de profesionales incurren en estos intrusismos, cuando tienen tantas herramientas para lograr resultados excelentes, poseen técnicas, productos de laboratorios y aparatología con la que logran muy buenos resultados, creo que todo indica, que además de un deseo de mayor facturación, la escasa o nula formación profesional, y la falta de leyes que lo prohíban, es una posible respuesta.

Otro tipo de intrusismo tiene que ver, dependiendo el país, con el uso de aparatología especializada, generalmente son equipos de alta complejidad, como los que realizan por ejemplo la depilación definitiva, IPL, su traducción en inglés es Luz Pulsada Intensa, que se utiliza también en tratamientos para foto envejecimiento facial y otros procedimientos que tienen que ver con el mejoramiento del aspecto de la piel.

Por qué sería un intrusismo que una esteticista formada en 9 meses manipule un equipo de IPL. Por todo lo que hablamos anteriormente en función a su formación previa, realmente muchas poseen poco conocimiento técnico de un equipo de estas características, y no lo puede comprender en un curso post venta, ya que en este curso que generalmente realizan luego de adquirir un equipo, se les transmite cómo debe realizar los tratamientos y algunas precauciones básicas.

En ninguno de estos cursos, tendrá la posibilidad de adquirir conocimientos de bioseguridad o de enfermedades de la piel en las que no puede aplicar el IPL, debido a que esos conceptos, se supone, que ya están adquiridos, es allí en donde el médico hace la diferencia, no obstante, también se debe capacitar en el uso del equipo, ya que en la facultad de medicina, no se lo enseñaron, y mucho menos hace 25 años atrás cuando se recibió.

Son muchos los equipos que existen en el mercado hoy en día, y muchos de ellos, tienen aplicaciones seguras, porque están fabricados para que un profesional con conocimientos previos los pueda manipular sin dificultades y sin poner en riesgo la salud de sus clientes. Pero evidentemente existen algunos que son de uso exclusivo para profesionales médicos, con conocimientos para su manipulación y quiero hacer énfasis en este punto.

Muchas veces pensamos que un profesional médico conoce de estética por el hecho de ser médico. La realidad nos dice que un médico estudia y se forma para preservar y cuidar la salud entre tantas otras cuestiones muy importantes y necesarias para nuestra sociedad.

Pero, un médico clínico, con formación de 6 años en medicina y sin ninguna especialidad, ¿realmente tiene el conocimiento del uso de un láser para lipoescultura, sin antes tener una formación en medicina estética? La respuesta es no, no tiene el conocimiento, debido a que no se formó en estética. Claro que posee un amplio conocimiento de anatomía, piel, sistemas, y todo lo relacionado al cuerpo humano, pero para eso existen las especialidades.

Considero que tenemos que comprender que los profesionales en medicina no son esteticistas, tienen otras especialidades, medicina estética, cirugía plástica, dermatología, etc. Y se supone que trabajan interdisciplinariamente con esteticistas o cosmetólogas, en muchos trabajos post operatorios que ellos nunca realizarán.

Es algo que está muy instalado en la sociedad, más aun en países de Centroamérica o en realidad en las personas que no tienen el conocimiento, el hecho de que para dedicarse a la estética no se debe ser médico o kinesiólogo.

En mis 15 años de experiencia dentro de la formación, muchas alumnas, profesionales o mujeres fuera del sector, me han preguntado al menos en 50 ocasiones, si yo era médico, ya que dirigía o estaba a cargo de una institución que se dedicaba a la formación en estética. Mi respuesta siempre fue la misma, PERDÓN… qué médico conoce usted que sea esteticista y qué tiene que ver la medicina con la estética no medica

Pero para comprender un poco más en profundidad, este concepto de intrusismo, tendríamos que agregar, que esta intromisión existe en muchas profesiones, generalmente las que no están reguladas. Pero dentro de la medicina estética, área que no me compete, pero tiene que ver con este tema, existe una suerte de intrusismo cruzado.

El referente en este tema en Argentina, sobre la medicina estética, es el Dr. Raúl Pintos, que muy amablemente accedió a que le realice algunas preguntas, para incluirlas en este capítulo y me permitió realizar esta breve reseña.

La medicina estética fue importada de EUROPA a la Argentina hace unos 34 años, exactamente, en 1980, de la mano del Dr. Raúl Pintos. En ese momento la UIME, Unión Internacional de Medicine Esthetique, entidad madre internacional, fundada en 1975, contaba con 4 países europeos que la integraban, Francia, Italia, Bélgica y España, y la Argentina fue el 5 país en sumarse y el primer país no europeo.

De este modo, el Dr. Pintos comenzó con esta idea a nivel local en Buenos Aires, e inmediatamente se extendió por todo el continente americano, pero la Sociedad Argentina de Medicina Estética quedó como la primera entidad de medicina estética del continente.

Como todos sabemos, la medicina es una de las actividades que más especialidades tiene, luego de una formación básica de 6 años. Consultándolo al Dr. Pintos, sobre las reglamentaciones sobre la especialidad en medicina estética, su respuesta me sorprendió. Al parecer, la especialidad en medicina estética sólo ha sido aceptada en Bélgica y Colombia, en el resto de los países no es una especialidad oficial, sólo de hecho. Esto explica la gran oferta de diplomados y cursos dirigidos a médicos en toda Latinoamérica.

En la mayoría de los países es practicada por médicos que realizan especialidades en medicina estética, CURSOS DE

ACTUALIZACIÓN O ESPECIALIZACIÓN, pero la realidad nos dice lo contrario.

En Latinoamérica existen muchos exponentes del área, y que son eminencias en la materia, pero como toda cuestión de mercado, muchos médicos por el hecho de ser médicos, practican esta especialidad sin tener una formación en ello, y digo esto porque muchos no se han formado en la especialidad y otros han tenido que capacitarse fuera del país para luego realizar estas prácticas.

Argentina es un referente en la formación de post grado en medicina estética y capacita a muchos médicos de toda Latinoamérica que vienen a especializarse, para luego regresar a su país de origen y exponer un certificado de estudios en su consultorio.

Muchos de estos médicos, solo tienen una formación básica en medicina, y como es más rentable la estética, realizan un curso intensivo de 15 días, y al regresar a Bolivia, por ejemplo, son eminencias de la medicina estética. Muchos odontólogos de Chile, están aplicando botox en sus consultorios odontológicos de la misma manera y los casos se repiten en muchos países.

Para que quede claro lo que quiero expresar, un profesional médico que se dedique a la estética básica, por así llamarlo, y pueda manipular aparatología especializada, debe y tiene que tener conocimientos en aparatología al igual que una esteticista o cosmetóloga, y del mismo modo, para dedicarse a la medicina estética, es decir, aplicación de botox, ácido hialurónico, etc., debe tener su especialidad o al menos formación en medicina estética.

Lo único que rescato de esta actividad, es que al menos poseen asociaciones serias que los respaldan y colegios profesionales que cuidan su sector. Pero es un sector que está en permanente evolución y también tendrán que delimitar la actividad, ya que hace 30 años atrás, no se dedicaban a la estética, porque estaban formados para otro fin, el tiempo fue pasando y el mercado cambió. Las cirugías plásticas y la medicina estética generan mucho más que recetar un jarabe para la tos

Retomando el concepto de intrusismo por parte de las esteticistas, debemos tener en cuenta el viejo concepto que dice, todo lo que no está prohibido está permitido…

Si nos aferráramos a este concepto, podríamos permitir cualquier clase de intrusismos, ya que en ningún país de Latinoamérica, salvo Brasil, existe una ley que regule en profundidad la actividad de la esteticista y la cosmetóloga. De hecho en los países en donde más se consume este tipo de tratamientos invasivos y en donde mueren más personas por mala praxis de esteticistas, son Venezuela y Colombia. Bolivia se está posicionando también de a poco, en este ranking de intrusismos peligrosos.

Es de suma necesidad la promulgación de leyes o reglamentaciones para la actividad, pero generalmente, los Ministerios de Salud, no tienen el conocimiento de esto hasta que se encuentran con 50 casos graves en un mes. Y que además aparezcan en los medios de comunicación.

Los ministerios tampoco tienen un conocimiento profundo del sector de la estética, porque su función es otra; pero evidentemente la actividad se desarrolla en personas y éstas están siendo afectadas en su salud. Esa sí es responsabilidad de un Ministerio de Salud en cualquier país del mundo.

Por qué digo que no tienen conocimiento del sector, sólo para dar un ejemplo, en el año 2012, en Chile se cerraron varios centros de estética, gabinetes y garajes también, debido a un daño producido a una clienta, el Ministerio de Salud, la SEREMI, decidió clausurar los centros sin tener el conocimiento de que significaba ser cosmetóloga o esteticista, es más pensaban que la estética la ejercían médicos o kinesiólogos, algo que dista mucho de la realidad.

Luego de este episodio, y gracias al reclamo de las profesionales, el ministerio comenzó a interiorizarse de esta actividad, y de algún modo, reglamentó una suerte de autorización para el ejercicio de la actividad, a través de un examen de competencias. Si bien en Chile, no existe una ley que reglamente y regule la actividad o la educación para el sector a través de tecnicaturas, fue uno de los primeros países en lograr que el Ministerio de Salud entienda de que se trata la actividad, y las fuentes de trabajo que estaban en juego, si se tomaba una decisión tan drástica como se tomó.

Tengo el placer de conocer a la iniciadora de este cambio en Chile y conozco su lucha. Su nombre es Sandra Mazzeo James, y luchó como nadie para que este cambio pueda darse. Ella reclamó y peticionó ante las autoridades, luego de ser tratada como estúpida e ignorante, que sólo aplicaba cremitas en la cara y realizaba masajes corporales.

Hoy, en Chile, para ejercer la estética o la cosmetología, más allá de dónde se haya estudiado y el tiempo que les llevó su formación, se debe rendir un examen de competencias en una repartición del Ministerio de Salud, para luego obtener un permiso del ejercicio de la actividad, con un número que las identifica como profesionales idóneas y certificadas para la actividad.

Yo lo llamo un fantástico logro y un excelente comienzo, que a la vez es un ejemplo para toda Latinoamérica, que nos enseña algo muy importante. No hay que esperar a la promulgación de una ley, decreto o reglamentación, hay que pelear por la fuente de trabajo y la actividad que se desarrolla hace más de 50 años. Felicitaciones a todas ellas.

No obstante, la promulgación de una ley que reconozca y respalde el trabajo de las esteticistas y cosmetólogas en Chile, es necesaria y con urgencia, ya que si no se encuentran respaldadas a nivel legal, cualquier cambio de políticas o de visión, puede dejarlas fuera del sector. Y lo que es peor, que tengan que depender de otros profesionales para poder realizar su trabajo. Esto realmente sería una lástima, luego de lo que consiguieron.

En un viaje a Santa Cruz de la Sierra, Bolivia, a la que fui invitado para la inauguración y lanzamiento de un centro de estética, para lo cual ayudé en la difusión y prensa local. Fui invitado a varios canales de televisión. Previo a una entrevista en un canal de cable, dentro del pasillo en el que esperábamos a ser llamados, he visto y escuchado personalmente cómo una esteticista con conocimientos en enfermería, incitaba a una chica muy joven con buena formación en estética, pero con falta de experiencia y conocimiento sobre medicina estética, a que se dedique a aplicar mesoterapia, ya que era rentable y lo estaban pidiendo mucho. Textuales palabras: "Dale anímate, es re fácil, te pasas algunas hojas de anatomía y ya estás lista. Si quieres yo te enseño. Tendrás arto de clientas. Además tengo tantas clientas que necesito derivar alguna a otro lugar, y podríamos ser socias... yo te digo donde compras las ampollitas...".

Casos como estos se producen a lo largo y a lo ancho de toda Latinoamérica y tenemos que comprender que se debe comenzar a concientizar desde las mismas comunidades educativas o asociaciones que nucleen la actividad, porque cuando los ministerios se empiecen a enterar de lo que está sucediendo, y quieran actuar en consecuencia, quizás sea tarde.

Esteticistas y cosmetólogas de Chile,
reclamando por su reconocimiento

Manifestación de Esteticistas ante el Ministerio de Salud, en París

Intrusismo inverso en la estética corporal

Generalmente, cuando hablamos de intrusismos en el sector, nos referimos a las esteticistas y cosmetólogas que realizan trabajos para los cuales no han sido formadas, por ejemplo, inyectar botox, ácido hialurónico, biopolímeros, o a la manipulación de aparatología de uso exclusivamente de médicos.

Pero el motivo puntual de este capítulo está referido al **INTRUSISMO INVERSO. ¿Qué significa esto?**

En Argentina y en la mayoría de los países de nuestra región, desde hace un tiempo, hay profesionales que están formadas en otras áreas como la kinesiología y la fisioterapia, que se están adueñando del sector de la estética corporal, fundamentando que ellas son las únicas profesionales aptas para realizar tratamientos estéticos.

A tal punto que en algunas localidades o provincias poseen una autoridad especial, por decirlo de algún modo, y esto les permite, inspeccionar centros de estética e inclusive clausurarlos, si consideran que la aparatología que utiliza la esteticista no está a la altura de su conocimiento o formación para tal fin.

Desde hace un breve tiempo, muchas escuelas que brindan formación en estética, masoterapia, drenaje linfático y aparatología aplicada están recibiendo cartas documento, o intimaciones de parte de Colegios Profesionales, intimándolas a dejar de ofrecer capacitaciones en estética, y del mismo modo, están prohibiéndole a kinesiólogas que se desempeñan dictando clases en estas escuelas, que no lo sigan haciendo, o en el mejor de los casos que elijan en que ámbito desean desempeñarse.

Esto no es nada nuevo, en países como Brasil, se está librando una lucha entre esteticistas, enfermeras y kinesiólogas, para ver quién puede ejercer la actividad. En este país las esteticistas están muy bien representadas, por lo cual la batalla la están ganando.

La gravedad de este avasallamiento radica en que un profesional de la kinesiología, no ha sido formado para embellecer, sino para rehabilitar, pero como su estatuto profesional, dependiendo el país, es tan amplio y en su formación académica poseen materias como anatomía, química u otras relacionadas a la actividad, su estatuto considera que son las únicas que pueden ejercer la estética corporal.

Qué casualidad que muchas kinesiólogas y fisioterapeutas deban realizar cursos de estética, protocolos de trabajo, principios activos, masotarapia, aparatología y drenaje linfático en escuelas de belleza, porque en sus carreras no adquirieron esos conocimientos, ya que en su malla académica no existen estos temas relacionados a la estética o al embellecimiento.

Y más grave aún, es la casualidad de que la actividad de la esteticista no está ni regulada ni reglamentada, entonces, algunos colegios se atribuyen la exclusividad en la actividad de la estética corporal.

El motivo es sencillo, por una cuestión de mercado, con la estética se factura más que con una rehabilitación, y más aún cuando estos profesionales tienen que esperar que la mutual les pague su trabajo a los tres meses de realizado, con suerte.

Esto está pasando en muchos países de Latinoamérica, y si bien no son la mayoría, los profesionales en kinesiología que piensan de esta manera, es decir, que sólo por el hecho de tener ese conocimiento se puedan dedicar a la estética, hay muchos que comprenden que fueron formados para la rehabilitación, entonces se especializaron en drenaje linfático, aparatología y tratamientos corporales, lo que los transforma en excelentes profesionales de la estética, por el conocimiento adquirido en su formación previa. Cada vez que me encuentro con alguno de estos profesionales, que son conscientes de lo que estoy planteando, realmente es un placer poder intercambiar opiniones.

Quizás sea el momento de realizar propuestas conciliadoras. En vez de prohibir la actividad y pretender que sea una actividad sólo de kinesiólogas (que están avaladas por su título universitario, pero no formadas para tal fin), por qué no se proponen ideas, trabajos en conjunto, y se delimitan campos de acción, o en realidad, que se dediquen a la estética los kinesiólogos que se han formado y especializado en la actividad, para que el consumidor final de estos servicios sea el más protegido, ya que en definitiva, lo que se busca es justamente eso, que no haya daños en la salud del consumidor.

Situación actual en Argentina

Muchas profesionales de la estética están siendo intimadas por kinesiólogos y fisioterapeutas o por organismos interesados en el sector, con el objetivo de prohibirles trabajar e incluso prohibirles el uso de aparatología en sus tratamientos. Del mismo modo, en algunos casos les están haciendo cerrar sus gabinetes y les están incautando o secuestrando sus equipos, que con tanto esfuerzo han podido adquirir.

Esta situación, por lo menos en la mayoría de las provincias del interior, no nos sorprende. Se viene gestando hace mucho tiempo y la causa puntual se refiere a una situación de **intrusismo inverso** por parte de los kinesiólogos, y nutricionistas

CAUSAS Y MOTIVOS QUE LLEVAN A ESTA SITUACIÓN

1- Los kinesiólogos están representados por un colegio profesional, que pelea por ellos.

2- Los kinesiólogos, dermatólogos, enfermeras y muchas otras profesiones, poseen una matrícula profesional. No es la misma matrícula que tienen las esteticista o cosmetólogas empíricas, entregada por una escuela de estética, que sólo es un número de orden o de archivo. Esta matrícula profesional está asentada en los Ministerios de Salud, Provincial o Nacional, y les permite trabajar.

3- Los kinesiólogos están pasando por una situación de mercado que los lleva a desempeñarse en otros ámbitos como la estética, ya que por su trabajo, cobran poco y en el mejor de los casos, cobran a los 3 o 5 meses, cuando las mutuales se dignan a pagarles. Es por ello, que se consideran aptos para dedicarse a la estética, por su título universitario, pero no están capacitados en tratamientos estéticos y mucho menos en el uso de la aparatología, porque básicamente, no han sido formados para tal fin. Es más, conozco empresas, que eventualmente les prestan los equipos de Magnetoterapia o electro estimulación para que los alumnos en la facultad, tengan la oportunidad de ver cómo funciona un equipo, claro que este equipo es compartido por 60 alumnos y sólo comprenden su uso 10, los que están adelante de todos y llegan a ver lo que el docente explica.

4- Muchos estudiantes de kinesiología a partir del 3º año de estudios o antes, comienzan a realizar cursos de **Aparatología, drenaje linfático, tratamientos estéticos, protocolos de trabajo, etc.,** en escuelas de estética, esto lo sabe todo el mundo y tengo pruebas.

5- Generalmente, antes de prohibir el uso de la aparatología, se debería reglamentar quién la puede comprar, quién la puede vender y en dónde se puede comprar. Hoy en día se vende aparatología hasta en grandes tiendas de departamento, una hipocresía total.

6- La esteticista y la cosmetóloga, vienen realizando su trabajo hace más de 50 años, mientras los kinesiólogos se formaban y se dedicaban a la rehabilitación, durante estos 50 años, nadie les dio crédito, ya que era un hobby. Hoy en día, una esteticista o una cosmetóloga evitan que una persona ingrese a un quirófano para hacerse una cirugía plástica, o mejor dicho, demoran el ingreso a un quirófano al menos por 7 años. Ya que con los productos de laboratorio y aparatología existentes en este momento, su trabajo se potencia y logran resultados excelentes.

7- La esteticista nunca estuvo representada por un colegio profesional, sólo por asociaciones. El motivo es muy simple, para que una profesión tenga un colegio profesional, primero debe estar reglamentada y regulada su actividad, ya sea en el

Ministerio de Educación o en el de Salud. En este caso, nunca se reguló, porque siempre fue un hobby o una actividad, que no representaba un porcentaje alto en la fuerza laboral. Los tiempos cambiaron y el mercado también. Hoy el sector está creciendo a tasas inimaginables, en cuanto a fabricación de aparatología, nuevos principios activos, nuevos laboratorios y nuevas ofertas académicas que desean profesionalizar el sector. Esto habla a las claras, que el sector está creciendo, y es un crecimiento en donde su curva de amesetamiento está lejos de desaparecer.

8- La esteticista nunca molestó, siempre realizó su trabajo en silencio y dependiendo de que las escuelas o laboratorios, les impartan conocimientos que le permitan perfeccionarse. Nunca existió una carrera de pre grado o una oferta educativa de nivel técnico superior, que le permita acceder a una matrícula profesional. Hoy esa oferta académica existe, por parte de universidades o terciarios que vieron la necesidad del sector. En hora buena, excelente. Pero qué pasa con las esteticistas empíricas que vienen trabajando hace muchos años.

9- Estas profesionales necesitan profesionalizarse, nivelarse u obtener una matrícula para poder trabajar tranquilas y lo más importante, que no sean perseguidas por profesionales de otras áreas. Esto no es nuevo, en otros países se logró. Brasil primero y luego Chile, hay que ver si a nuestros gobernantes les interesa.

En otros casos, tenemos a organismos de control de los Ministerios de Salud provincial o nacional, que de manera aleatoria, autorizan o no a determinados profesionales el uso de la aparatología, cuando no tienen idea de lo que es un radio frecuencia o un electro estimulador, y tampoco tiene idea el Ministerio de Salud, de cuáles son los alcances de la profesión en estética, porque nunca lo evaluaron. Para ellos, kinesiología, dermatología, nutrición, enfermería, etc., es lo mismo, en cuanto a quien puede desarrollar la actividad en estética o mejor dicho, carecen del conocimiento específico en la materia.

Estimadas profesionales, los argumentos sobran, y están bien fundados, no tengan miedo y aférrense a su profesión y a su trabajo, nadie puede prohibir una actividad que no está reglamentada o regulada.

Son tiempos de cambios. Cambios que están marcados por necesidades, cuestiones de mercado y conflicto de intereses. Considero que si se plantean nuestros intereses y se fundamentan como tales, esta batalla que tiene vieja data, va a comenzar a inclinarse para el lado de la razón y del sentido común.

Repito, no tengan miedo, sólo hay que tener claro qué se quiere lograr, y comenzar a molestar a las autoridades competentes para que legislen o escuchen la problemática del sector, la persecución existió siempre en el sector y siempre se lo menospreció. Es hora de cambiar la historia.

CAPÍTULO 8

ASOCIACIONES, UNIONES, CÍRCULOS Y FEDERACIONES QUE NUCLEAN AL SECTOR

Desde el comienzo de la actividad, existieron asociaciones, círculos profesionales y federaciones que agrupaban a las asociaciones provinciales a nivel nacional, que intentaron contener a la profesión y de hecho lo hicieron, con el objetivo de darles un marco formal, como todas las actividades que están representadas a través de asociaciones.

Muchas de éstas han sido iniciadas por un grupo de profesionales que no tenían representatividad a otro nivel, es decir, colegios profesionales; entonces decidieron unirse para defender sus derechos como profesionales.

Generalmente, las asociaciones tienen un estatuto en donde está reflejado su objetivo para con las profesionales, un sistema de elección de autoridades, la periodicidad con la que se eligen las mismas y toda una serie de cuestiones formales para su funcionamiento; poseen un número de personería jurídica que les permite funcionar legalmente ante organismos del Estado.

Algunas de las actividades que son objeto de las asociaciones son la de ofrecer capacitaciones, talleres, congresos, beneficios sociales, etc., que muchas veces son importantes ya que en algunos puntos del país, son la única entidad, que les provee estas oportunidades de formación. Otros beneficios que son parte de este objeto, son descuentos en la compra de productos en locales adheridos, o beneficios de todo tipo, como asesoría legal y contable para las asociadas.

La existencia de asociaciones que nucleen la actividad es de suma importancia, ya que es uno de los pocos entes que se supone, trabaja por la actividad y también que pelea por los intrusismos inversos o actividades que perjudique el sector.

La tarea de este tipo de asociaciones en muy loable, ya que es un trabajo ad honoren por parte de la directiva, y el único recurso con el que cuentan es el aporte de las socias a través de una mensualidad. Que en la mayoría de las ocasiones las que aportan, son las asociadas más cercanas, que agradecen la actividad de la asociación, ya que en muchas ocasiones, en ellas pueden completar información que en sus formaciones previas no adquirieron.

Al ser asociaciones, muchas veces no permiten aportes de empresas privadas porque sería una acción que viciaría el objeto de la misma. Y muchas veces se puede mal interpretar el aporte que haga una empresa del sector. Esta es una cuestión delicada que de alguna manera se debe cuidar, a fines de preservar la transparencia de la asociación.

Muchas de las asociadas, en ocasiones no conocen las limitaciones o restricciones que estas asociaciones poseen, en función a los recursos que disponen para su actividad. Ellos son limitados y están condicionadas muchas veces a que estas asociadas paguen la mensualidad cuando pueden, o cuando están contentas con la funcionalidad de la misma.

La mayoría de estas asociadas también tienen expectativas muy altas sobre lo que las asociaciones pueden hacer y lograr por ellas, debido a que son la única entidad que las representa. Pero la realidad es que estas limitaciones económicas y de llegada a los grupos de poder es real y siempre que logran algo importante, es porque realmente trabajaron para ello, o tuvieron oportunidad de ingresar proyectos en algún ministerio.

Pero como venimos expresando en este libro, la actividad tiene vieja data, y durante mucho tiempo, no fue necesario trabajar fuerte o pelear por las reglamentaciones de la actividad, porque no existían leyes o amenazas puntales de otros sectores. De este modo, cuando comenzaron a surgir disposiciones ministeriales que afectaban directamente a la actividad de la estética y la cosmetología, son pocas, las que se impusieron para defender la profesión. Y me refiero a las asociaciones que pertenecen a las únicas tres provincias de Argentina donde hay leyes sancionadas, Chaco primero y , Córdoba luego y recientemente, Santa Fe.

Todas las demás asociaciones de la Argentina, estuvieron dormidas durante mucho tiempo, y ni siquiera el antecedente de las leyes sancionadas en otras provincias las despertó. Quizás la comunicación entre ellas no sea la más óptima, o podríamos pensar que es difícil que se junten para pelear por un mismo objetivo, inclusive podríamos pensar también que no saben cómo hacerlo, y sería algo comprensible. Muchas de estas asociaciones están manejadas por personas que no tienen un amplio conocimiento de hacia dónde va el sector y qué es lo que le depara en un futuro cercano.

Muchas están a la espera, que surjan leyes en su propia provincia para actuar y no están comprendiendo que el trabajo se debe comenzar a realizar lo antes posible, para que cuando surjan estas leyes o regulaciones, sean ellas las que puedan participar activamente en ese proceso para evitar que alguna empresa o grupo de personas ajenas al sector se entrometan y quieran pasar por encima a estas asociaciones.

Algunas de ellas están a la espera de que una federación, que teóricamente las nuclea, sea la que logre alguna ley nacional que las incluya. Federaciones que tienen sede en lugares un poco alejados en donde se cocinan las cosas y que sufren las mismas limitaciones que las asociaciones a las cuales representan.

Considero que estas agrupaciones deberían trabajar interdisciplinariamente y disponer dentro de su estructura a personas que realicen aportes de conocimientos más cercanos a la realidad del sector. Y personas que participen activamente de la innovación en el mercado. No se puede concebir una asociación sólo compuesta por cosmetólogas o esteticistas, ya que su visión estará limitada sólo a los conocimientos que ellas poseen en su actividad.

Podrían tener un grupo de asesores o un staff de apoyo en el aspecto educativo, realizando actualizaciones de contenidos relacionados al sector. Personas que le provean de conocimientos en gestión comercial y toda una serie de profesionales de áreas relacionadas con la actividad que ayudarían mucho al objeto de la asociación.

Algo que debería ser responsabilidad de ellas, es la creación de programas y de contenidos mínimos, para las actuales y futuras profesionales, pero muchas veces están limitadas por las integrantes que participan de la misma. Porque su formación tuvo contenidos que hoy ya quedaron obsoletos.

Quizás muchas de ellas en su estatuto, requieran que la directiva, sólo debe estar representada por profesionales de la estética o la cosmetología, quizás también sea hora de modificar esos estatutos que se crearon hace 30 años, época en donde no era necesario un trabajo interdisciplinario.

Hoy, las asociaciones carecen de poder de contralor de la actividad, esto significa que no puede controlar a las escuelas que imparten cursos deficientes o multifunción. No pueden exigir que la venta de productos exclusivos para profesionales como ácidos o aparatología, sea sólo vendida a profesionales del sector que lo acrediten mediante alguna credencial o carnet profesional y no al público en general que los compra para realizarse tratamientos en sus domicilios y sin conocimiento para ello.

En resumen, no pueden hacer nada a nivel control para el sector, hasta que no creen un colegio profesional que represente a los profesionales de la estética, estas asociaciones están atadas, o mejor dicho, supeditadas a lo que dictamine un Ministerio de Salud, que al mismo tiempo tiene muy poco conocimiento de lo que significa la estética.

La creación de un colegio profesional para la actividad, representaría un logro sumamente importante, que permitiría, entre otras cosas, que las asociadas tengan una mutual, aportes, jubilaciones, seguro de mala praxis, listado de precios oficiales para los servicios que prestan y otros beneficios necesarios para la actividad, como poseen otras profesiones.

Es responsabilidad de las asociación la presentación de proyectos de ley, u otro instrumento legal que les permita la creación de colegios profesionales, ya que un ciudadano común, más allá que sea un profesional de la estética, no puede realizar este tipo de gestiones, por el hecho de que un ciudadano no representa a los profesionales que se dedican a esta actividad y tampoco posee una personería jurídica, quizás muchas de estas asociaciones no lo sepan, pero es una función muy importante que al menos deberían intentar gestionar.

Si bien estas asociaciones no están a la vanguardia de la formación, ni cuentan con la última tendencia en contenidos, muchas veces se suman a movimientos y acciones para profesionalizar el sector. Pero lamentablemente, no todas actúan de este modo.

Existen algunas que están compuestas por integrantes que suelen tener un miedo muy grande a sus incapacidades, es por ello que prohíben, limitan y restringen toda actividad formativa, como jornadas, talleres y seminarios, por el hecho de que se sienten atacados o invadidos en su actividad. Explicado de otra manera, todas las actividades que no sean propuestas por ellos, son desestimadas, e inclusive denunciadas a organismos de control, con el fin de evitar que muchos profesionales puedan acceder a contenidos formativos novedosos. Como si estuviera prohibido enseñar. Pero ejercen tanta presión, que muchas veces logran sus cometidos.

Muchas veces en este tipo de asociaciones existe una cuestión generacional que no permite realizar cambios, como suele pasar en muchas actividades, no se les permite el ingreso a personas que tengan nuevas ideas, y mucho menos cuando estos cambios amenazan su estructura de pensamiento y su forma de hacer las cosas. Lamentablemente muchas de estas personas ignoran que la única manera en ocasiones de cambiar las realidades de una profesión, es romper paradigmas establecidos hace años. Pero quizás antes haya que explicarles qué es un paradigma, ya que están demasiados aburguesados en sus puestos directivos.

Uniones internacionales

En el sector, existen al menos dos uniones o asociaciones internacionales, que están tratando de lograr esta gran homologación de contenidos mínimos para ejercer la actividad, es un trabajo arduo, ya que como hemos mencionado anteriormente, existen pocas similitudes de conceptos y denominaciones en la actividad.

Por ejemplo, en Ecuador se habla de cosmiatra esteticista, en Montevideo Uruguay se le llama cosmetóloga médica y en Argentina cosmetóloga, a la persona que realiza tratamientos faciales. Si bien los términos son diferentes, muchas veces los contenidos formativos de estas tres opciones no difieren mucho.

Pero es un gran comienzo, porque es una responsabilidad muy grande, y permitirá, que una esteticista que estudió en Costa Rica por ejemplo, pueda ejercer en Panamá o Argentina, como pasa con otras profesiones, que sólo rindiendo equivalencias o contenidos anexos, obtienen el permiso para desarrollar la actividad profesional.

Esta gran homologación como yo le llamo, se realiza a través de representantes en cada país, en donde estas uniones o asociaciones actúan o tiene una sede que los representa. De este modo pueden difundir sus objetivos y conceptos formativos. Pero muchas veces se encuentran con representantes que tienen otra visión del sector o bien objetivos diferentes.

Homologar contenidos es algo difícil, pero homologar criterios profesionales en las personas es aún más difícil, y más cuando se persiguen intereses en particular, que no están alineados con los objetivos de una asociación internacional.

Algo que suele suceder también, es que las uniones internacionales convocan a asociaciones locales de cada país, para poder trabajar en conjunto y de algún modo integrarlos al proyecto para que tengan derecho de expresar sus ideas y problemática local, pero el lenguaje técnico y la idiosincrasia de los países es tan disímil que muchas de las asociaciones locales, no comprenden los objetivos planteados, y lo que suele suceder es que abandonan el proyecto o directamente ni siquiera se suman a él. Porque desconfían o no lo entienden.

Lograr una homologación internacional para la profesión, es una tarea magnífica, y no puede estar a cargo de cualquier grupo de profesionales, considero, que las personas que llevan adelante estos proyectos, deben ser personas con un amplio conocimiento de las realidades locales de cada país de Latinoamérica y del mundo.

Estas personas existen, yo tengo el placer de conocer algunas y vienen trabajando hace mucho tiempo en el sector y con proyectos internacionales, pero les cuesta rodearse de profesionales que tengan la misma visión a futuro, en realidad se encuentran fácilmente, porque participar de un proyecto de profesionalización internacional es bastante interesante, pero al poco tiempo, muchos muestran su verdadero interés.

Teniendo en cuenta que en algunos países directamente no existe la profesión de esteticista o cosmetóloga. Considero que el trabajo de internacionalizar la profesión y homologarla en el mundo, sólo puede ser realizado por una unión internacional, a la cual se debe apoyar desde todos los ámbitos y de acuerdo a las posibilidades y herramientas que dispongamos. Es un gran trabajo el que tienen por delante.

CAPÍTULO 9

PROCESO DE NIVELACIÓN Y PROFESIONALIZACIÓN PARA COSMETÓLOGAS O ESTETICISTAS EMPÍRICAS Y QUIÉN DEBERÍA REGULAR LA ACTIVIDAD

Un proceso de nivelación y profesionalización significa, que a raíz del surgimiento de una ley que intente reglamentar la actividad, se deben tener en cuenta a las profesionales actuales que se encuentran ejerciendo más allá de donde hayan sido formadas. Debido a que antes de la existencia de una ley, se formaron en donde les ofrecieron un curso de capacitación laboral o sencillamente en donde pudieron, ya que como hemos hablado anteriormente, este tipo de capacitaciones orientadas a la belleza en general, no son tomadas en serio por muchas personas o instituciones multipropósito.

Es evidente, como ya hemos desarrollado a lo largo de todo este libro, que las ofertas educativas son amplias y muy variadas, es por ello, que se necesita realizar una nivelación de contenidos básicos y generales, con el fin de homologar los conocimientos que estas profesionales adquirieron con antelación.

Uno de los mejores ejemplos a mi criterio, fue la nivelación o matriculación que se realizó a los martilleros y corredores inmobiliarios empíricos, antes de la existencia de una reglamentación y posterior formación superior. En donde cualquier persona vendía algo y cobraba por ello una comisión.

Tomado el ejemplo de la nivelación que se realizó en la provincia de Córdoba, a las profesionales de la cosmetología y la cosmiatría, luego del surgimiento de la ley que reglamentaba el ejercicio de la actividad, podemos esbozar una serie de instancias y pasos a seguir, que considero, todas las provincias de Argentina y todos los países de Latinoamérica deberían copiar y llevar adelante.

Lo primero que debe suceder, es que el Ministerio de Salud de cada municipio, ayuntamiento, provincia o país, se entere de esta situación y de esta necesidad del sector. Ya que da la posibilidad de plantear el debate social sobre la problemática.

Para que este ministerio se entere y se ponga al tanto de esta situación, no se debe esperar el surgimiento de una ley, ya que en muchos rincones del continente, ni siquiera están enterados de lo que es una esteticista y una cosmetóloga. Sólo debe recibir de parte de alguna asociación local que nuclee la actividad, una propuesta de trabajo en conjunto, para llevar adelante esta nivelación.

PASOS A SEGUIR

1- Se convoca a las interesadas través de una asociación que agrupe a las profesionales.

Luego que el Ministerio de Salud comprende la necesidad, por sí solo o gracias a que una asociación lo puso al tanto de la problemática, generalmente se dicta un decreto o resolución, al respecto de esta nueva disposición, y lo siguiente, es realizar una gran convocatoria a todas las profesionales del sector.

Esta comunicación, también debe ser realizada por las escuelas que en algún momento formaron estas profesionales y por todas las entidades, que están de alguna manera relacionadas con la profesión.

En la misma, se comunicará la nueva normativa y los pasos a seguir, para poder realizar una nivelación y obtener un permiso de trabajo, o como sucede generalmente, una matrícula profesional entregada por un Ministerio de Salud.

2- Se realiza una nivelación de contenidos en función a lo que requiera la ley que reglamenta la actividad

Siempre estamos hablando en función a una ley, pero no es necesario el surgimiento de la ley, ya que es un proceso que lleva mucho más tiempo. Entonces se puede comenzar con una reglamentación. Generalmente, como ya hemos hablado, en toda Latinoamérica, los Ministerios de Salud, carecen de conocimientos específicos del sector, entonces lo más aconsejable, es que se realice un programa nivelatorio, consultando y desarrollado de manera conjunta con una asociación, unión, o convocando a profesionales idóneos que puedan realizar aportes para desarrollar contenidos básicos a consciencia.

El programa de nivelación debe contener:

• Tiempo de duración, en número de clases

• Carga horaria

- Contenidos y conceptos que se desarrollarán

- Público objetivo, sujeto de realizar esta nivelación

- Autoridades ministeriales y asociaciones que participarán

- Objeto de la nivelación

- Cantidad de cursos nivelatorios que se desarrollarán

- Instituciones autorizadas a dictarlo

- Fecha de exámenes finales

Estos contenidos tienen que ser claros y específicos, además se deben comunicar con antelación para que las profesionales puedan comprender el objetivo puntual que persigue esta nivelación, debido a que las áreas de la estética y la belleza, son muy amplias y variadas. De este modo, una manicura, o una depiladora, deberá comprender que quizás este curso no esté destinado a ella, salvo que también haya realizado un curso de capacitación en estética o cosmetología.

3- Examen final

Luego que se realizó el curso nivelatorio, es decir, las profesionales, cursaron todos los contenidos y cumplimentaron los requisitos para hacerlo. Se debe tomar un examen con el objeto de evaluar los contenidos impartidos. Puede realizarse de dos maneras, una es que primero rindan el examen ante la asociación que llevó adelante el curso nivelatorio y luego rinda ante el Ministerio de Salud, o directamente este examen puede tomarlo el ministerio en cuestión.

El objetivo en esta instancia es evaluar, para comprobar si el objeto del curso se cumplió o dio resultado. De allí, que se evalúe en una o dos instancias, quizás tiene que ver con conocimientos para poder evaluar.

A las profesionales que aprueban se les entrega un certificado, expedido por las entidades que participaron del curso y realizaron el examen, para luego solicitar su matrícula ante el Ministerio de Salud.

El Ministerio de Salud, previamente, debe comunicar los requisititos de matriculación. Estos pueden ser:

- Copia de cédula de identidad
- Fotos para la confección de un carnet
- Acreditar antigüedad en la actividad
- Acreditar no poseer antecedentes
- El pago de un sellado o impuesto
- Etc.

4- Una vez que el profesional se matricula puede trabajar sin problemas

Aquí quiero aclarar algo, todos estos pasos son básicos para realizar una nivelación profesional de un sector específico, y se supone que el ente gubernamental autorizado para realizar y llevar adelante esta nivelación, tomará los recaudos necesarios para que luego de esta nivelación, acontezcan dos cosas.

Que sólo pueda ejercer el profesional matriculado para tal fin, y a la vez se controle la actividad por parte del mismo ministerio que ayudó a realizar este proceso de nivelación profesional.

Que en la misma reglamentación se construyan nuevas normativas y exigencias a los futuros profesionales de la estética y la cosmetología, ya que de no existir una reglamentación que exija otro tipo de formación, para las próximas profesionales, este proceso se deberá realizar una vez por año, ya que los cursos en promedio tienen una duración de 9 meses.

En resumen, el caso de Córdoba, Argentina, en la misma ley que reglamentó la actividad se exige para las nuevas profesionales un título de nivel superior oficial para poder ejercer la cosmetología y la cosmiatría. Como en Argentina, las únicas instituciones que pueden entregar título oficial, son las acreditadas a la educación formal oficial, sólo podrán estudiar cosmetología en una institución de nivel superior, con una duración de 2 o 3 años.

El mismo ministerio u otro organismo de control debe realizar un seguimiento a las instituciones que imparten formaciones afines, con el objeto de que futuras alumnas puedan tener una información clara de lo que pueden ofrecerles algunas instituciones para poder ser profesionales bien formadas, y lo más importante, que luego de terminar sus estudios puedan ejercer.

A modo de ejemplo, acompaño una gráfica que nos ayuda a comprender la realidad actual del sector de la belleza en CÓRDOBA, que a la vez se replica en la mayoría de las provincias Argentina, por no decir todas.

El ejemplo se puede trasladar a la mayoría de los países de Latinoamérica, ya que hay actividades como la podología, que no están difundidas o su formación es netamente empírica, y muchas veces la atención o realización de estos servicios recae en especialidades médicas.

REALIDAD ACTUAL DEL SECTOR DE LA ESTÉTICA Y LA BELLEZA EN CÓRDOBA

Podólogos	Cosmetología y Cosmiatría
• Existe la ley N°7706 que regula la actividad. • Pero existen unos 10.000 pedicuros empíricos que trabajan. • Necesidades de nivelar y profesionalizar. • Existe poca oferta académica en todo el interior del país.	• Existe la Ley N°6222 y su reglamentación. • Existe título oficial. • Se nivelaron 2500 cosmetólogas y cosmiatras, que poseen MP (salud). • Pero hay 8.500 más que no poseen MP porque esperan la sanción de un decreto.

Esteticistas	Peluquería
• No hay ley que regule la actividad. • Sería similar a la N 6222. • Son más de 20.000, sólo en la provincia de Córdoba. • Necesidades de nivelar y profesionalizar.	• No hay ley. • No hay reglamentación. • Hay en actividad 15.000 Peluqueros. • Proyecto de Ley presentado en Buenos Aires.

Siempre que hablamos de un proceso de nivelación, lo que también estamos haciendo, es profesionalizándolo. Si bien con nivelar un sector no alcanza, ya que se deben elevar los contenidos formativos, delimitar los campos de acción y conceptualizar intrusismos, de alguna manera, es un buen comienzo.

Siguiendo esta línea de pensamiento, para mejorar las actividades de la belleza profesional, veo la necesidad de contextualizar muchas otras actividades que se realizan inclusive a una tasa de servicios igual o superior a la de la estética y la cosmetología, ya que son muy comunes en el embellecimiento y muchas de ellas no requieren alta formación, para convertirse en un profesional de la belleza.

Para ello, he realizado una matriz de profesionalización, en donde podremos ver comparativamente los niveles de requerimientos formativos y el impacto que pueden tener en la salud de las personas, teniendo siempre como premisa, las prácticas habituales en las profesiones que tomaremos en cuenta. Y para lograr una comprensión en detalle de lo que quiero transmitir, es que realizaré una breve explicación de cada cuadrante.

Para que se entiendan algunos conceptos que utilizaremos, haremos una descripción de los mismos.

Alta responsabilidad laboral y alto impacto en la salud, significa que el profesional que desarrolla la actividad, debe tener mucha responsabilidad en la tarea que realiza, ya que a la vez, si no es realizada a consciencia y con una adecuada instrucción, puede generar un daño a la salud de su cliente.

Baja responsabilidad laboral y bajo impacto en la salud, significa lo opuesto a lo expresado anteriormente, pero en una menor medida, debido a que los insumos y aparatología que utiliza para estas actividades no son de alta complejidad.

Altos requerimientos Formativos, significa que la formación debe ser de calidad, interdisciplinaria y por instituciones preparadas para ofrecer estas formaciones.

Bajos requerimientos Formativos, significa que la formación obtenida por el profesional que realiza el trabajo, generalmente es sencilla, rápida y habitualmente, la experiencia desarrollando la actividad, es la que le va a dar calidad en su trabajo.

Matriz de profesionalización

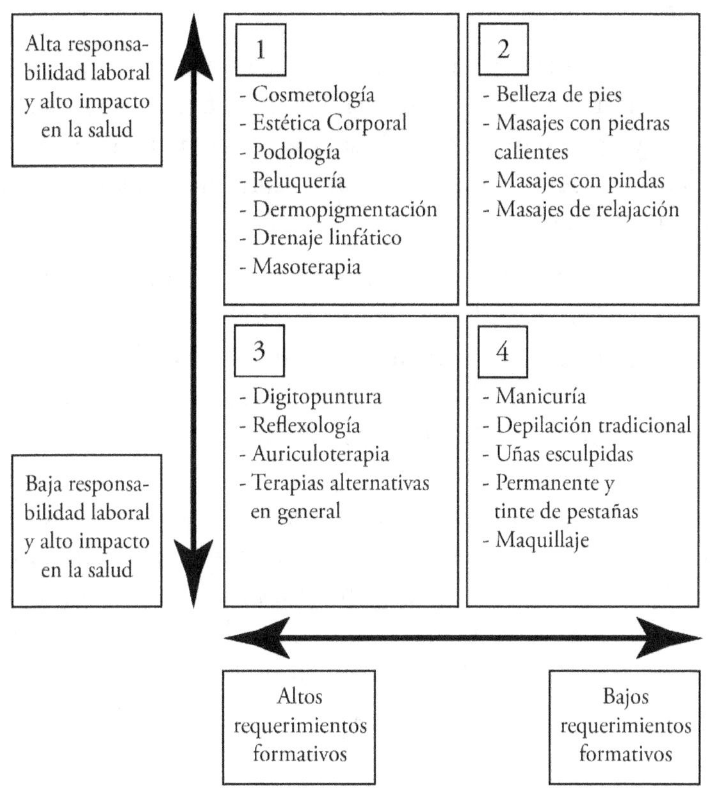

En el cuadrante N 1, encontramos actividades que generalmente tienen una alta responsabilidad laboral y alto impacto en la salud, en concordancia con altos requerimientos formativos. Debido que son actividades en donde se manipulan principios activos, productos de laboratorios, químicos muy poderosos y aparatología específica para la tarea, o simplemente una maniobra mal realizada, puede ocasionar un daño a la salud, como es el ejemplo del drenaje linfático o la masoterapia.

En el mismo caso, tenemos la podología, en donde si el profesional realiza un corte indebido en un pie diabético, puede ocasionar un daño irreparable.

En el cuadrante N2 encontramos algunas actividades, sólo para nombrar de ejemplo, que si bien tienen una alta responsabilidad y un alto impacto en la salud, ya que un masaje relajante debe ser bien realizado, su formación inicial, generalmente no es profunda.

En el cuadrante N3, quizás uno de los más difíciles de conceptualizar y explicar, debido a que las actividades que el contiene no son algo sencillo de realizar y que den resultado. Tratamos de explicar lo siguiente, si bien poseen baja responsabilidad laboral y bajo impacto en la salud, sus requerimientos Formativos son altos, por el hecho de que una terapia alternativa debe ser estudiada en profundidad, y no todo terapeuta está formado correctamente. Ya que la mayoría de los cursos empíricos que se dictan al respecto no duran más de 5 meses. Del mismo modo, el daño a la salud que puede producir, es menor a la de un ácido, o un radio frecuencia. Todos comprendemos que si una reflexóloga estimula un punto en la planta del pie de manera incorrecta, no va a dañar en profundidad a nadie, quizás sólo no obtenga el efecto deseado.

En el cuadrante N4, encontramos a la mayoría de las actividades, relacionadas al embellecimiento, en donde generalmente existen bajos requerimientos Formativos y una baja responsabilidad laboral con bajo impacto en la salud. Generalmente estas actividades requieren una formación que promedia los 4 meses y el daño que pueden ocasionar a la salud, está relativamente controlado, más allá del daño psicológico que le puedan ocasionar a una clienta, que la maquillen como un mapache, le quemen la piel con la cera caliente o le irriten el ojo, al realizarle una permanentación de pestañas con un producto vencido o con fecha de expiración caduca.

Más allá de la humorada, estas cosas pasan y mucho más de lo habitual, lo que quizás nos haga pensar por un momento si no deberíamos poner a todas las actividades en un solo cuadrante, y los profesionales que realicen estas tareas sean realmente expertos en ello, lo cual les permitiría ganar más dinero y ser más reconocidos. No lo sé, es posible que sea una utopía.

(Ver cuadro página siguiente...)

Alta responsa-
bilidad laboral
y alto impacto
en la salud

1

- Cosmetología
- Estética Corporal
- Podología
- Peluquería
- Dermopigmentación
- Drenaje linfático
- Masoterapia
- Digitopuntura
- Reflexología
- Auriculoterapia
- Terapias alternativas en Gral.
- Belleza de pies
- Masajes con piedras calientes
- Masajes con pindas
- Masajes de relajación
- Manicuría
- Depilación tradicional
- Uñas esculpidas
- Unas gelificadas
- Permanente y tinte de pestañas
- Maquillaje

Altos
requerimientos
formativos

Capítulo 10

Actividades que requieren regulación y reglamentación dentro del sector

Hasta el momento estuvimos hablando de todos los temas referidos a la formación necesaria de los profesionales que trabajan en el sector, pero estos profesionales para realizar su trabajo requieren de insumos, productos y equipamiento para desempeñar su tarea cotidiana y en muchas ocasiones, encontramos que los mismos son adquiridos en cualquier comercio o en canales de venta no tradicionales, que a la vez, carecen de habilitación para hacerlo.

Esto tiene varias consecuencias dañinas para el sector, debido que muchos productos de laboratorio y aparatología utilizada por los profesionales, está disponible para el público en general, lo que es un peligro para el consumidor.

Son muchos los países en donde cualquier persona sin instrucción o formación puede adquirir un radiofrecuencia, un cavitador o un IPL para uso doméstico, pensando que es un electrodoméstico que se enchufa al interruptor y comienza a ser utilizado para quitarse las líneas de expresión en su rostro, porque en 15 días tiene un evento social importante y tiene que estar esplendida.

Con los productos de laboratorio acontece lo mismo, pero en mayor medida, ya que generalmente, al ser productos cosméticos como cremas, lociones y emulsiones, el consumidor piensa que son iguales a los de venta masiva que adquiere en un supermercado o farmacia. Si bien son diferentes, hay algunos que sólo deben ser manipulados por personas con una formación adecuada para tal fin. Ejemplo de esto son los ácidos en todos sus tipos, productos despigmentantes o lociones exfoliantes concentradas.

Ya hemos hablado sobre el hecho de que cada día se consumen más productos profesionales por parte del público en general, debido a que tienen el conocimiento de su calidad superior, pero esto no significa que cualquier producto profesional puede ser adquirido por todos los consumidores.

De hecho, las empresas y laboratorios, elaboran productos de apoyo domiciliario para que sean vendidos por los profesionales a sus clientes, algunos de ellos poseen una formulación diferente o adecuada para que el tratamiento pueda seguir realizándose en el hogar y de este modo lograr mayor resultado y en menos tiempo.

En función a lo expuesto considero que algunas de las actividades a regular serían las siguientes:

Venta de Productos de Laboratorio

La venta de productos profesionales nunca estuvo regulada o reglamentada, por la misma causa que no lo estuvo la actividad profesional. Durante mucho tiempo, los comercios encargados de realizar esta comercialización, fueron y son los mismos que realizan actividades de formación o capacitación a profesionales. Debido a que tienen el mercado cautivo del alumnado.

Con sólo tener una habilitación municipal para el comercio, pueden ejercer la actividad, como si fueran una perfumería, de hecho en la mayoría de los municipios no existe la codificación para la actividad, de este modo la encuadran en la de una perfumería.

El motivo puntual de esta necesidad de reglamentar la venta de productos profesionales, tiene como objetivo cuidar al consumidor y al profesional que se abastece de ellos para realizar su actividad.

Es habitual encontrar que este tipo de productos se vendan en canales que no son los más apropiados, como departamentos de dos ambientes en un 5º piso o una vendedora de productos por catálogo, que además de vender ropa tiene algunos ácidos en oferta.

Una de las prácticas más habituales para la venta de productos profesionales, es la exigencia de una identificación que acredite la actividad profesional como esteticista o cosmetóloga. Esta práctica tiene dos funciones, una es la de venderle al profesional con un precio diferenciado o un descuento que va del 30 al 50%, para que luego el profesional lo revenda a su cliente en su centro de estética y obtenga una ganancia. La otra función, es solicitar esta identificación cuando un cliente desea comprar un ácido u otro producto que se supone debe ser manipulado por un profesional.

Esta práctica no siempre se cumple y muchos comercios le venden a cualquier persona que los solicite, dañando directamente la actividad profesional y quizás en otra instancia al consumidor final, vendiéndole un ácido que no puede ser manipulado por el mismo.

Otro caso, muy común, es el de las fórmulas magistrales que se venden a profesionales y son productos desarrollados por farmacias, que tienen la autorización para hacerlo y sus productos no cuentan con una extensa información en sus etiquetas, debido a que al ser fórmulas magistrales no lo requieren.

Considero que lo ideal para comenzar a reglamentar esta actividad, sería que todos los interesados en comercializar productos de uso profesional posean un permiso especial, expedido por la autoridad competente en donde acredite los requisitos para tal fin.

Algunos de esos requisitos podrían ser los siguientes:

• Realizar una capacitación en química cosmética a través de una institución educativa, dedicada a la formación profesional

• Poseer personal de venta calificado

• Contar con las autorizaciones de ANMAT en los productos que se venden, en el caso de Argentina

• Llevar un registro informático de los profesionales que adquieren esos productos.

VENTA DE EQUIPOS

Actualmente, si un profesional desea adquirir un equipo de estética, por ejemplo un radiofrecuencia o un ultracavitador, simplemente tiene que dirigirse a un comercio y comprarlo, o puede realizar una búsqueda en internet y conseguir un mejor precio, debido a que ese tipo de ventas no está controlada por ningún organismo.

En toda Latinoamérica se comercializan equipos de estética, y en la mayoría de los países, ingresan equipos importados, muchos de ellos sin certificaciones de calidad, o certificaciones locales, como ANMAT en Argentina, FDA en Estados Unidos o ANVISA en Brasil.

Son pocos los países que realizan un exhaustivo control en la fabricación y el ingreso de la aparatología estética, generalmente comienzan a controlar, cuando algunos de esos equipos produce un daño en la salud de algún cliente en un centro de estética. Considero que este tipo de controles van a ir desarrollándose a la par de las reglamentaciones pendientes que tiene Latinoamérica. Ya hay países como Brasil, en donde se están llevando a cabo a través de un registro web, en donde el profesional que está por adquirir un equipo puede consultar si el fabricante está o no autorizado por el Ministerio de Salud, y si posee la licencia correspondiente.

Muchas de las necesidades de regulación que existen en Latinoamérica, ya tienen antecedente en algunos países, sólo es necesario realizar una homologación entre todas las normas y replicarlas en los países en donde no existas estas regulaciones, sólo es una decisión que deben tomar los organismos de control.

CENTROS DE ESTÉTICA

Son pocos los países que tienen claro qué es un centro de estética, un spa o un salón de belleza, esto repercute directamente al momento en que un profesional desea habilitar su propio lugar de trabajo.

Generalmente, los municipios, no poseen este conocimiento, de hecho en muchos de ellos no existe el código de la actividad, es decir un centro cosmetológico o un centro de estética, a raíz de esto, lo que suelen hacer cuando un profesional desea habilitar su centro, es encuadrarlo en algunos de los códigos pre existentes. Los que suelen ser:

- Centro de salud

- Clínica estética

- Centro de cirugía plástica

- Salón de belleza

- Peluquería

- Solárium

Esta falta de código para la actividad, repercute directamente en las exigencias que los municipios suelen pedir a los futuros profesionales autónomos, y en la mayoría de los casos, les exigen requisitos que son propios de un centro de cirugía plástica.

Pienso que esto se va a modificar en el momento en que se comience a reconocer la actividad de la estética y la cosmetología, ya que en muchos países, aún no está reconocida como tal.

CENTROS DE FORMACIÓN

Ya hemos hablado en detalle, que existen muchos y variados ámbitos de capacitación y formación relacionados a la belleza. Pero en este punto, considero que la actividad de la formación debería estar regulada del mismo modo que los puntos desarrollados anteriormente.

El objeto de esta regulación, sería asegurarle al consumidor de cursos de capacitación, que la institución cumple con normas y contenidos básicos para la actividad.

En Chile existen los CFP, que son centros de formación profesional, ellos se dedican a la formación de muchas actividades y sectores productivos, pero cumplen con exigencias para poder funcionar y brindar calidad educativa.

Quizás la regulación del sector de la formación lleve más tiempo y sea una tarea más ardua, pero no debemos olvidar que si no se comienza reglamentando la formación, luego debemos repetir todo el proceso anterior para profesionalizarlo.

CAPÍTULO 11

MI PROPUESTA DE FORMACIÓN PARA EL SECTOR EN LATINOAMÉRICA

Antes de comenzar a desarrollar este capítulo, deseo compartir una opinión personal. Considero que siempre que se habla de algún tema, e inclusive se lo critica de manera constructiva, se deben plantear opciones o aportes, que ayuden a la causa y al sector. Muchas veces escuchamos opiniones de muchos expertos en la materia, pero son muy pocos los que demuestran con hechos una propuesta educativa superadora, y son consecuentes con ella.

Demostrar con hechos significa invertir en un proyecto educativo de nivel superior a largo plazo, con todo lo que ello significa. Arriesgarse a cambiar los paradigmas establecidos en un sector manejado por personas que sólo poseen conocimiento en su área, y que en el 70 % de los proyectos que ofrecen son simples sellos de goma, y realizan una suerte de agrupación de profesionales de cada especialidad como para darle forma a un proyecto de educación superior, sin estructuras edilicias, académicas o educativas. De este modo, ofrecen capacitaciones de perfeccionamientos, o cursos superiores, cuando la necesidad puntual del sector es una formación básica inicial, para que luego se comiencen a homologar contenidos con los profesionales formados con anterioridad.

Mi propuesta educativa está basada en 14 años de interpretar y escuchar lo que el sector nos decía permanentemente, y se trata de realizar de la manera más acorde a las exigencia actuales, con todas las actualizaciones y flexibilidades que el sector demande en el futuro.

Uno de los pilares fundamentales de un proyecto educativo, es su malla o pensum académico, debido a que generalmente la educación formal exige contenidos básicos, específicos de la actividad, y otros generales, que se llevan gran parte de la carga horaria exigida.

De este modo, no se puede improvisar con rellenos formativos que al profesional no le van a dar herramientas para su trabajo.

La educación técnico profesional debe introducir a los estudiantes, en un recorrido de aprendizaje a partir del acceso a una base de conocimientos y de habilidades profesionales que les permita su inserción en áreas ocupacionales.

Nuestra Propuesta Académica en general y las Prácticas Profesionalizantes en particular, procuran, además, responder a las demandas y necesidades del sector profesional de la estética y la cosmetología, que crece a la par de la demanda de servicios estéticos en todo el mundo.

La formación integral que se plantea pretende el desarrollo de capacidades profesionales que integren y articulen la teoría y la práctica; abordando problemas propios del campo profesional específico desde un enfoque interdisciplinario.

FORMANDO EMPRENDEDORAS

Una de las áreas en donde se hizo hincapié para el desarrollo del PEI, Proyecto Educativo Institucional, fue en la de gestión del propio emprendimiento o para terceros, es por ello que la materia gestión está presente durante todos los años. Ya que consideramos que toda profesional de la estética debe ser en principio su misma auto empleadora y tener herramientas que le permitan llevar adelante su proyecto.

La materia gestión, no se refiere sólo a marketing, es por eso que se llama GESTIÓN. Fundamentalmente transmite conocimientos referidos a un plan de negocios, necesarios para cualquier actividad comercial, sea grande o pequeña. Pero en la estética profesional, considero que es de suma importancia, debido a que la mayoría de las profesionales actuales, nunca tuvieron la oportunidad de muñirse de estas herramientas y siempre tuvieron problemas para manejar sus emprendimientos, fijar sus precios de venta, controlar sus gastos fijos y variables.

Conceptos como punto de equilibrio en sus emprendimientos, le ayudarán mucho a la hora de tomar la decisión de seguir trabajando en un gabinete pequeño, o arriesgarse a abrir un centro integral, con la facturación que necesita para salvar los gastos antes de comenzar a ganar dinero.

Muchas de las esteticistas y cosmetólogas han debido formarse en esta área a través de cursos o seminarios, que generalmente se suelen dictar en congresos y muchas de ellas no los toman, porque es tanto lo que desean aprender en estos eventos, que priorizan comprender nuevos tratamientos en lugar de saberse gestionar.

En esta materia, el docente que generalmente puede ser un contador, Administrador o en su defecto un Lic. en Marketing, debe tener muy en claro, y ser consciente de que ninguna esteticista terminará sus estudios con conocimientos para realizar un balance integral, ni hará un estudio de costos integral y exhaustivo. El objetivo es otro, desarrollar el espíritu emprendedor que muchas llevan dentro y recién se dan cuenta cuando comienzan a comprender que estas herramientas de gestión, combinadas con la estética, le permitirán lograr su objetivo de manera más ordenada y rentable, que al fin de cuentas, es lo que les permitirá vivir de esta magnífica profesión.

PROPUESTA

Esta propuesta es un ideal personal, de cómo pienso que un futuro profesional debe formarse, con los siguientes contenidos interdisciplinarios, más allá de las leyes vigentes de cada país y las exigencias de los organismos que regulan la educación superior.

Considero que esta opinión plantea el debate sobre qué se puede esperar de un futuro profesional de la estética y la cosmetología, teniendo en cuenta todas las áreas de incumbencias y no incumbencias del mismo, para poder delimitar los campos de acción de la actividad.

Tomamos como base, una carga horaria de 1600 hs reloj, que equivalen a 2400 horas cátedras, y la duración del mismo, estará supeditada a la periodicidad de la asistencia del alumno, es decir, para cumplimentar 1600 horas reloj, en 2 años, el alumno debe asistir al menos, 4 días a la semana, 5 horas por día. De este modo asistiendo menos días al cursado presencial, estos contenidos requieren de 3 años de cursado. Es sólo una aclaración, ya que lo importante no es la duración, sino los contenidos que se van a transmitir.

Propuesta de formación para Técnico superior en Estética corporal

Fundamentación

Mi proyecto educativo nace en el año 2009 a partir de necesidades de Profesionalización de tareas y oficios, como los son la estética corporal, la cosmetología. Vi la necesidad de formalizar la capacitación en estas áreas, dándole un marco de referencia y protocolos de acción cumplimentando estándares de calidad requeridos por la profesión.

El proyecto debe generar relaciones entre la educación y el trabajo, a través del desarrollo de principios, valores, ideales y autorrealización profesional puestos al servicio del sector de la estética y la cosmetología, fortaleciendo de este modo las distintas aéreas en la que se necesita profesionalizar.

Objetivos

• Contribuir al surgimiento, desarrollo e incremento de la profesionalización de personas tendientes a cubrir necesidades educativas insatisfechas.

• Hacer aportes pedagógicos sistemáticos mediante programas de diversa índole con el fin de contribuir al desarrollo de todo tipo de conocimientos y herramientas que promuevan la generación y/o aplicación de competencias y capacidades, puestas al servicio del sector.

• Fomentar mediante estímulos o subsidios económicos la creación y continuidad de centros de formación docente, técnica y profesional que coadyuven al cumplimiento de los objetivos propuestos.

• Otorgar becas y subsidios a toda persona física o jurídica que genere, contribuya y/o realice tareas, obras y/o emprendimientos para el desarrollo de la actividad productiva del sector.

• Implementar servicios de consultoría y asesoramiento a idóneos, entidades y organismos públicos, privados y ONG's.

• Adquirir y producir materiales didácticos, bibliográficos, audiovisuales, multimedia y demás elementos requeridos para la realización de actividades educativas.

Justificación

El ser humano cada vez se preocupa e interesa más por su imagen y bienestar físico, tratando de obtener beneficios para su salud. Ese beneficio no es otra cosa que el obtener logros en el mejoramiento de su calidad de vida.

En este sentido podemos preguntarnos qué sucede con la capacitación y actualización de los profesionales intervinientes en el mejoramiento de la calidad de vida, protagonistas fundamentales para atender esas necesidades.

Actualmente encontramos una falta de formación técnica superior, que amalgame los conocimientos requeridos por personas que desean hacer de su vocación de servicio, una profesión y a la vez una carencia en la regulación del mercado, en donde no se establece qué procedimiento se puede o no llevar a cabo dentro de los centros de estética, como así también el uso adecuado de la aparatología especializada.

Ante la necesidad de profesionales o idóneos que se encuentren desarrollando tareas en cualquier sector de la actividad, necesidad que requiere de continua formación y actualización, es nuestra intención generar espacios que favorezcan la formación continua, brindando a quienes encontraron una veta laboral, el poder continuar adquiriendo herramientas para completar sus conocimientos y poder lograr una mejora en sus condiciones laborales y personales.

Nuestro objetivo es trabajar de manera interdisciplinaria con todas las organizaciones que formen parte del mercado de la estética profesional, para poder dar una mirada global y a su vez local, necesaria para nuestros futuros profesionales.

Deseamos que nuestro proyecto sea un ámbito de referencia para quienes requieran de capacitación acorde a las necesidades del mercado laboral y también favorecer un espacio de reflexión para el sector productivo.

Nos proponemos capacitar a nuestros alumnos para que sean activos partícipes en el desarrollo del mercado de la estética, fomentando la profesionalización.

Perfil profesional

Los requerimientos generales de cualificación profesional del sistema productivo para este perfil técnico son:

1- Potenciar la imagen física, asesorando al cliente, evaluando sus necesidades y aplicando los tratamientos y los cuidados estéticos necesarios en condiciones de calidad y seguridad e higiene óptimas.

2- Administrar, gestionar y organizar un centro de servicios, optimizando el desarrollo de la actividad empresarial bajo la supervisión correspondiente.

3- Definir y argumentar propuestas técnicas concretas que potencien la imagen física, dando respuesta a las necesidades/demandas del cliente.

4- Diagnosticar inesteticismos en el cuerpo humano y sus posibles tratamientos.

5- Participar en la planificación y aplicación de tratamientos estéticos en conjunto con facultativos especialistas.

6- Seleccionar, combinar y aplicar, en función del diagnóstico estético realizado, las técnicas de estética que son de su competencia dando respuesta a las necesidades del cliente, en condiciones de calidad, seguridad e higiene óptimas.

7- Tener una visión global de los procesos, protocolos de trabajo y tratamientos de estética; coordinar y supervisar los trabajos del personal a su cargo, realizando la distribución de tareas y funciones entre sus colaboradores

8- Interpretar información técnica, elaborar y transmitir información verbal o escrita a clientes y a profesionales.

9- Administrar, gestionar, organizar, rentabilizar y comercializar los servicios de un instituto, cumpliendo la normativa legal vigente y planificando las actividades según criterios deontológicos, de eficacia y de imagen empresarial.

10- Seleccionar y manejar los utensilios y aparatos de uso profesional en estética.

11- Procurar una actualización constante en la aplicación de productos cosméticos, corrientes y radiaciones en general, de todas las nuevas técnicas que surjan en el sector.

12- Asegurar el mantenimiento de las instalaciones y medios técnicos del establecimiento en perfecto estado de uso y en óptimas condiciones de seguridad e higiene.

13- Informar y asesorar a las personas sobre cuidados estéticos, productos cosméticos y pautas de vida saludable que tienen repercusión en su imagen personal.

14- Atender permanentemente a las personas durante su permanencia en el instituto, relacionándose con ellos con fluidez, corrección y discreción guardando el secreto profesional debido.

15- Intervenir en los procesos de decisión de forma creativa y positiva, desarrollando un espíritu crítico, constructivo y aportando soluciones alternativas.

16- Resolver problemas y tomar decisiones individuales en el ámbito de su competencia.

Perfil del egresado

1- El técnico en estética corporal contará con los conocimientos necesarios para identificar y tratar las diferentes inesteticismos, por sí mismo o bien apoyado por médicos de diversas especialidades, respetando siempre los límites científicos y éticos de la medicina.

2- Tendrá capacidad de seleccionar y analizar la literatura concerniente a la Estética y con el fin de aplicar los conocimientos obtenidos de ella en su práctica diaria.

3- Deberá ser crítico acerca de los conocimientos obtenidos con el fin de estar en constante evolución.

4- Estará capacitado para incidir directamente en la docencia e investigación de esta rama de la estética, incrementar su aprendizaje por cuenta propia o en los diversos cursos y congresos de actualización que se llevan a cabo en diversos países.

Competencia del título

Competencia general

• Definir y protocolizar el tratamiento/cuidados en función del diagnóstico estético, organizando la prestación del servicio, en condiciones de calidad óptima.

• Personalizar, supervisar y/o aplicar técnicas de electroestática integrándolas en un tratamiento estético específico.

• Personalizar, supervisar y/o ejecutar masajes corporales, en función del diagnóstico estético previamente realizado.

• Personalizar, supervisar y/o aplicar las técnicas hidrotermales y complementarias integrándolas en un tratamiento estético.

• Realizar la administración, gestión y comercialización en una empresa.

Sus conocimientos científicos y tecnológicos abarcan los campos de:

• Atención permanente al cliente.

• Elaboración e interpretación de documentación técnica.

• Asesoramiento a clientes.

• Vigilancia y fomento de las condiciones de seguridad e higiene en el trabajo.

• Coordinación del equipo profesional.

• Utilización de los equipos técnicos y productos necesarios para la prestación de los servicios y para el mantenimiento de las instalaciones y medios en óptimas condiciones.

• Ejecución técnica de los procesos/tratamientos de Estética Integral.

• Diagnóstico de alteraciones no patológicas con repercusión estética, "protocolización" y aplicación de los tratamientos correspondientes.

• Planificación comercial.

• Colaboración con facultativos.

• Control de la calidad en el proceso de prestación del servicio y en los resultados obtenidos.

Campo ocupacional

Esta figura ejerce su actividad profesional dentro del sector de Servicios Personales y más concretamente en la actividad de tratamientos estéticos, desarrollando los procesos de prestación de servicios de estética integral, de asesoramiento y atención permanente a las personas en:

• Institutos de estética.

• Departamentos de estética de empresas dedicadas al tratamiento de la imagen personal integral.

• Clínicas de medicina estética.

• Centros de rehabilitación.

• Spa.

• Equipos de técnicos, dependientes de laboratorios y firmas comerciales que desarrollan su actividad en el ámbito de la Estética Integral, como probadores, técnicas de aplicación y vendedores.

• Hospitales.

• Clínicas.

• Institutos de salud.

• Centros geriátricos.

• Centros de actividad física.

Estructura curricular - *Modelo con materias anuales*

Espacio Curricular	Año cursado	Hs. Semanales *	Hs. Anuales *	Correlativa de
1- ANATOMÍA Y FISIOLOGÍA	1	2.40	69	6, 7
2- QUÍMICA GENERAL (INORGÁNICA – ORGÁNICA)	1	2.40	69	6, 7, 10
3– GESTIÓN I	1	2.40	69	8
4- MASOTERAPIA I	1	4	112	6
5- PRINCIPIOS DE ESTÉTICA CORPORAL	1	4	112	10, 11
6- MASOTERAPIA II	2	4	112	12, 14
7- LINFODRENAJE	2	2.40	69	11, 14, 15
8- GESTIÓN II	2	4	112	14, 15
9- APARATOLOGÍA E INSTRUMENTAL ELEMENTAL Y APLICADO I	2	2.40	69	12, 13, 14
10- ESTÉTICA CORPORAL I	2	4	112	11, 14, 15
11- ESTÉTICA CORPORAL II	3	4	112	
12- TALLER DE PRÁCTICA EN ESTÉTICA CORPORAL	3	3.20	58	
13- APARATOLOGÍA E INSTRUMENTAL APLICADO II	3	4	112	
14- SEMINARIO DE APLICACIÓN (PROTOCOLOS)	3	4	112	
15- PRÁCTICA Y DEONTOLOGÍA PROFESIONAL	3	4	112	
16- GESTIÓN III	3	4	112	
Totales			1579	

Espacios curriculares

Materia: **Anatomía y Fisiología**

Carga horaria: **69hs**

Horas por semana: **2hs. 40 min.**

Objetivos

• Proveer al alumno de los conocimientos elementales sobre las Ciencias Médicas Básicas, entendiéndose por tales aquellas que permiten conocer la forma, composición y funcionamiento del cuerpo humano en estado normal, tales como Anatomía, Histología y Fisiología, además de temáticas como Embriología, a fin de exponer y desarrollar los conocimientos en una concepción integradora, de tal manera que el programa en sí mismo posibilite el acceso a otras disciplinas curriculares.

• Introducir al alumno al conocimiento de la estructura y el funcionamiento normal del cuerpo humano.

Materia: **Química General**

Carga horaria: **69hs**

Horas por semana: **2hs. 40 min.**

Objetivos

• Inferir los principios y leyes de la química.

• Adquirir técnicas elementales del trabajo experimental.

• Desarrollar la habilidad para resolver problemas.

• Aplicar el lenguaje específico de la disciplina.

• Expresar sus conocimientos, oralmente y por escrito, con corrección y precisión científica.

Materia: **Gestión I**

Carga horaria: **69hs**

Horas por semana: **2hs. 40 min.**

Objetivos

• Acercarse al Management Corporativo y al desarrollo de herramientas que le permitan administrar, liderar, ejecutar y controlar proyectos en empresas grandes, medianas o pequeñas, con la consigna que en cualquiera de ellas habrá siempre que aplicar el mejor estilo de management, la mejor cultura empresarial y ofrecer productos y servicios de la más alta calidad. Toda esta Visión orientada a nuevos tipos de negocios que la globalización y la tecnología nos está permitiendo desarrollar y además los que la investigación y la innovación nos permita, en el futuro, crear nuevos conceptos en productos y servicios.

• Analizar las demandas/necesidades y hábitos de las personas respecto al consumo de productos cosméticos, pequeños aparatos y accesorios de uso en belleza y utilización de servicios de estética integral, para promover la venta de productos y servicios mediante la correcta utilización de las técnicas de negociación.

Materia: **Gestión II**

Carga horaria: **69hs**

Horas por semana: **2hs. 40 min**

Objetivos

• Que el alumno comprenda conceptos de costos, ubicación geográfica, metodologías de relevamiento. Análisis de datos e interpretación de resultados. Informe final. Comportamiento del consumidor. El proceso de compra. Modelos conceptuales del comportamiento del consumidor. Necesidades, motivaciones, personalidad, percepción y actitudes de los consumidores. Satisfacción y lealtad. Segmentación de mercados. Enfoques en el estudio del mercado objetivo, Administración de Recursos Humano.

Materia: **Masoterapia I**

Carga horaria: **112hs**

Horas por semana: **4hs.**

Objetivos

• Que el alumno adquiera los conocimientos generales respecto a la importancia del masaje. Las precauciones que se deben tener en cuenta para realizarlo, las distintas técnicas para la obtención de distintos resultados y la acción de los distintos movimientos.

• Que el alumno reconozca los miembros inferiores, supriores y las distintas afecciones y los tratamientos específicos para cada una de ellas.

Materia: **Principios de Estética Corporal**

Carga horaria: **112hs**

Horas por semana: **4hs.**

Objetivos

• Que el alumno infiera en las sustancias básicas de uso en estética, adquiera conocimientos elementales para la diferenciación de los distintos productos.

•Desarrollar la habilidad para definir la aplicación más adecuada de acuerdo a la afección presentada. Aplicar el lenguaje específico de la disciplina.

Materia: **Masoterapia II**

Carga horaria: **112hs**

Horas por semana: **4hs.**

Objetivos

• Que el alumno adquiera los conocimientos generales respecto a la importancia del masaje y todos los tipos de masajes que puede emplear en su actividad, siempre limitando su accionar en el masaje modelador, estético y de relajación.

Materia: **LINFODRENAJE**

Carga horaria: **69hs**

Horas por semana: **2hs. 40 min.**

Objetivos

• Proveer al alumno de los conocimientos elementales de Drenaje linfático: Generalidades. Fenómenos de filtración y absorción. Edema. Nódulos linfáticos. Corriente linfática. Plasma linfático. Capilares linfáticos.

• Desarrollar los conocimientos en una concepción integradora que favorezca el abordaje a los temas del ámbito profesional con diversas metodologías y los diferentes métodos que existen en el sector.

Materia: **Aparatología e Instrumental Aplicado I**

Carga horaria: **69hs**

Horas por semana: **2hs. 40min.**

Objetivos

• Asegurar el aprendizaje correcto de la gran diversidad de aparatología complementaria y suplementaria de las actividades en estética. Que el alumno valore la aparatología en la práctica estética. Que los diagnósticos e indicaciones sean precisos y sus resultados óptimos.

• Adquirir conocimientos sobre Alta Frecuencia, Electroestimulación, Ondas Rusas / Tens / Cuadradas, interferenciales, Electroporación, Microdermoabrasión.

Materia: **Estética Corporal I**

Carga horaria: **112hs**

Horas por semana: **4hs.**

Objetivos

• Desarrollar la habilidad para definir la aplicación más adecuada de acuerdo a la afección presentada.

• Aplicar el lenguaje específico de la disciplina. Sustancias bases de uso en estética, Sustancias de uso frecuente, Principios activos, Productos liposomados, Productos ionizables, Protocolos de trabajo.

Materia: **Estética Corporal II**

Carga horaria: **112hs**

Horas por semana: **4hs.**

Objetivos

• Personalizar, supervisar y o aplicar técnicas de electroestática integrándolas en un tratamiento específico.

• Describir las técnicas de electroestética basadas en la utilización de aparatos emisores de radiaciones, de corrientes eléctricas, de calor y de aparatos eléctricos con efecto mecánico, explicando los efectos de la aplicación de dichas técnicas sobre el cuerpo humano.

Materia: **Seminario de Aplicación**

Carga horaria: **112hs**

Horas por semana: **4hs**

Objetivos

• Realizar el diagnóstico profesional, evaluando las características y anomalías estéticas del cliente. Determinar el tratamiento que se ha de aplicar en función del diagnóstico estético. "Protocolizar" el tratamiento estético en función del diagnóstico y de la propuesta aceptada por el cliente.

Materia: **Práctica y Deontología Profesional**

Carga horaria: **112hs**

Horas por semana: **4hs**

Objetivos

• El objetivo fundamental de la asignatura es acercar al alumno a los principales dilemas y modos de pensamiento ético así como al funcionamiento de los mecanismos de autorregulación y los códigos de conducta. También que conozca qué es y qué significa la Ética y la Deontología Profesional para los profesionales del área estética. Conocer las principales corrientes éticas, sus orígenes y la evolución histórica.

• Generar la capacidad para diseñar un código de principios éticos que permita su posterior aplicación a la actividad profesional.

Materia: **Dermatología**

Carga horaria: **60hs**

Horas por semana: **2hs**

Objetivos

• Interpretar todas las patologías dermatológicas, con el fin de conocer cuáles pueden ser tratadas por el mismo y cuáles deben ser derivadas a un médico dermatólogo.

Materia: **Gestión III**

Carga horaria: **112hs**

Horas por semana: **4hs.**

Objetivos

• Comprender el marco legal, económico y organizativo que regula y condiciona la actividad de tratamientos de belleza, identificando los derechos y obligaciones que derivan de las relaciones laborales, adquiriendo la capacidad de seguir los procedimientos establecidos y de actuar con eficacia en las anomalías que pueden presentarse en los mismos.

• Dominar estrategias que le permitan participar en procesos de comunicación con los clientes, proveedores y otros
profesionales.

Proyecto de prácticas profesionalizantes

Finalidad de las prácticas:

• Reflexionar sobre su futura práctica profesional, y sus resultados.

• Lograr que el alumno enfrente situaciones reales y cotidianas, para que pueda experimentar el día a día de la actividad. Utilizando todos conceptos comprendidos en su aprendizaje.

• Comprender la relevancia de la organización y administración eficiente del tiempo.

• Introducirse en los procesos de producción y el ejercicio profesional vigentes en el sector.

Modalidad:

Estas prácticas pueden asumir diferentes formatos, siempre y cuando mantengan con claridad los fines formativos y criterios que se persiguen con su realización, entre otros:

• Pasantías en empresas, centros de estética, hoteles, resorts y spa que posean un plan desarrollado para tal fin.

• Proyectos productivos articulados entre la institución y otras instituciones o entidades. Como investigaciones sobre nuevos productos o equipos.

• Diseño de proyectos para responder a necesidades o problemáticas puntuales del sector.

• Simulación de proyectos reales.

Propuesta de formación para Técnico Superior en Cosmetología y cosmiatría

Fundamentación *ídem Estética*

Justificación *ídem Estética*

Perfil profesional

• El egresado de esta carrera estará preparado para reconocer las lesiones elementales dermatológicas, detectar aspectos anormales de la piel e interpretar las distintas patologías cutáneas inflamatorias, con la adecuada derivación al médico dermatólogo.

• Adquirirá los conocimientos necesarios para el empleo de todo tipo de cosméticos y la aparatología a utilizar en su campo de acción.

• Estará capacitado para colaborar con el dermatólogo en el empleo de técnicas auxiliares.

• Adquirirá habilidades científicas y prácticas para el correcto manejo del cliente.

• Contará con los conocimientos que le permitan el cumplimiento de las reglas de asepsia y desinfección, prevención de contaminación y uso adecuado de material descartable.

• Podrá conocer las distintas técnicas quirúrgicas que le permitan colaborar con el médico dermatólogo en el mejoramiento y recuperación de la estética facial.

• El egresado deberá conocer el contexto normativo y el marco ético en los que se desarrolla su actividad.

Perfil del egresado

• El Técnico en Cosmetología y cosmiatría es un Profesional, integrante del equipo interdisciplinario de asistencia sanitaria, que trabaja en estrecha colaboración con los distintos integrantes de dicho equipo; actuando en la prevención, educación, tratamiento y rehabilitación en personas con piel sana o pacientes portadores de diversas patologías cutáneas.

• Realiza detección precoz de distintos tipos de patología cutánea.

• Posee conocimientos suficientes en las áreas básicas afines a la disciplina que le posibilitan trabajar en equipos de investigación y en actividades de extensión en Comunidad, cumpliendo un rol de Educador Sanitario.

Competencia del título

• El Técnico en Cosmetología y Cosmiatría está capacitado para desarrollar todas las técnicas consignadas en el presente programa.

• En personas portadoras de patologías cutáneas y actuando en función de la prescripción médica, el egresado toma decisión acerca de los métodos y técnicas a utilizar dependiendo de las condiciones del paciente, siendo responsable de sus actos, con las obligaciones, deberes y derechos que ello conlleva.

Campo ocupacional *ídem estética*

Estructura curricular - *Modelo con materias anuales*

Espacio Curricular	Año cursado	Hs. Semanales *	Hs. Anuales*	Correlativa de
1- ANATOMÍA Y FISIOLOGÍA	1	2.40	69	
2- QUÍMICA BÁSICA	1	2.40	69	6
3 – GESTIÓN I	1	2.40	69	8
4- DERMATOLOGÍA I	1	2.40	69	7, 10, 12
5- COSMETOLOGÍA	1	5.30	153	7, 9, 10
6- QUÍMICA APLICADA	2	2.40	69	10, 11
7- DERMATOLOGÍA II	2	5.30	153	10, 11,12
8- GESTIÓN II	2	2.40	69	14, 15
9- APARATOLOGÍA E INSTRUMENTAL ELEMENTAL Y APLICADO I	2	4.00	105	13, 14
10- COSMIATRÍA I	2	4.00	105	11, 12, 14
11- COSMIATRÍA II	3	4.00	105	
12- TALLER DE PRÁCTICA EN COSMETOLOGÍA Y COSMIATRÍA	3	5.30	153	
13- APARATOLOGÍA E INSTRUMENTAL APLICADO II	3	3.20	63	
14- GESTIÓN III		4	112	
14- SEMINARIO DE APLICACIÓN (PROTOCOLOS)	3	5.30	153	
15- PRÁCTICA Y DEONTOLOGIA PROFESIONAL	3	3.20	63	
Totales			1600	

Espacios curriculares

Materia: **Anatomía y Fisiología** *Ídem Estética*

Materia: **Química Básica** *Ídem Estética*

Materia: **Gestión I** *Ídem Estética*

Materia: **Dermatología** *Ídem Estética*

Materia: **Cosmetología**

Carga horaria: **153hs**

Horas por semana: **5hs. 30 min.**

Objetivos

• Prevención e higiene cutánea y educación sanitaria.

• Profilaxis de riesgos cutáneos medio-ambientales y/o ocupacionales, sean estos físicos, químicos o biológicos.

• Aportará asimismo la capacitación en la comprensión, selección y ejecución de las técnicas para preservar la salud de la piel en personas sin afecciones cutáneas, así como de los tratamientos específicos en pacientes portadores de patologías cutáneas, en cumplimiento de la indicación médica especializada correspondiente.

Materia: **Gestión II** *ídem Estética*

Materia: **Aparatología e Instrumental Aplicado I** *ídem Estética*

Materia: **Seminário de Aplicación** *ídem Estética*

Materia: **Práctica y Deontología Profesional** *ídem Estética*

Materia: **Cosmiatría I**

Carga horaria: **105hs**

Horas por semana: **4hs.**

Objetivos

• Conocer la evolución de la Cosmiatría y, principalmente, desarrollar la habilidad técnica de los diferentes tratamientos que se desarrollan

• Adquirir conocimientos básicos de la piel. Tratamiento de las lesiones cutáneas elementales, la detección de casos, clasificación y tipos de piel, tratamientos, peeling, exfoliación, humectación, nutrición en el gabinete de cosmiatría.

• Patologías de la piel.

Materia: **Cosmiatría II**

Carga horaria: **105hs**

Horas por semana: **4hs.**

Objetivos

• Conocer la Cosmiatría y su interrelación con las diferentes disciplinas de la salud con las que interactúa, así como las conceptos científicos que sirven de base para esta disciplina, permitiendo que el alumno sepa el porqué y las consecuencias de todos los servicios que preste dentro del gabinete, así como conocer las formas de actuar ante casos de reacción por el uso de productos cosméticos profesionales.

Materia: **Química aplicada**

Carga horaria: **69hs**

Horas por semana: **2.40hs.**

Objetivos

• Interpretar la utilización y acción de los químicos que se encuentran en los productos de laboratorio, para lograr una utilización efectiva de ellos y preservar la salud de la piel.

Materia: **Dermatología ll**

Carga horaria: **153hs**

Horas por semana: **5.30hs.**

Objetivos

• Profundizar los conocimientos adquiridos en la materia equivalente, para lograr mayor conocimientos de las patologías existentes, a fines de poder lograr un trabajo interdisciplinario.

Materia: **Taller de Práctica en Cosmetología y Cosmitatría** *Ídem estética*

Materia: **Aparatología e Instrumental Aplicado II** *Ídem estética*

Materia: **Seminario de Aplicación (Protocolo)** *Ídem estética*

Materia: **Práctica y Deontología Profesional** *Ídem Estética*

De este modo podemos observar que entre las dos carreras sólo difieren 6 materias, que son específicas de cada especialidad. Pero muy importantes para cada actividad profesional.

Un estudiante puede optar por estudiar una tecnicatura en estética y luego si es de su interés, cursar las materias de la tecnicatura en cosmetología y cosmiatría y viceversa.

Este planteamiento se refiere, a que solo el 20 o 30 % de los profesionales que se desarrolla en el sector, realiza las dos actividades, al menos, con un plan de estudios de este tipo.

CAPÍTULO 12

CONCLUSIONES GENERALES Y UN POCO DE FUTUROLOGÍA

Todo proyecto educativo de nivel superior se sustenta en tres pilares fundamentales, su malla académica, su infraestructura y su cuerpo docente.

Su malla académica debe realizarse a consciencia y en función a las necesidades del sector y deben contener una congruencia con las exigencias de los países de Latinoamérica.

La infraestructura académica debe permitir que el alumno realice sus prácticas profesionales de manera cómoda y con todos los elementos necesarios para adquirir la experiencia necesaria.

El cuerpo docente, además de ser especialista en lo que transmite en cada asignatura, debe contar con una la calidad humana y pedagógica única, que permita al alumnado comprometerse con la actividad.

Estos tres pilares, son fundamentales y considero que si falta uno de ellos, por más que en los otros dos sean increíbles y perfectos, el proyecto educativo no va a cumplir el objetivo propuesto.

Este tipo de ofertas educativas va a permitir la creación de futuras licenciaturas para el sector, estudio que sólo se puede cursar en una universidad, pero que va a dar respuesta inmediata a muchas tecnicaturas en estética y cosmetología para seguir avanzando en los niveles formativos. Algo que hace 30 años hubiera parecido ciencia ficción.

Es posible que a raíz de este auge del sector, surjan nuevamente las escuelas técnicas de hace 30 o 40 años atrás, en donde el alumno en sus estudios secundarios ya tenía materias sobre carpintería, herrería y otras áreas, que le permitían cursar 2 años más una tecnicatura, y a su término ya obtenía su título de técnico. No sería descabellado pensar en una escuela secundaria con orientación en estética, cosmetología, podología o peluquería, que oriente al futuro egresado a seguir cursando su tecnicatura en el sector de la belleza.

Las prepagas de salud van a incursionar en la estética, de hecho ya hay algunas que lo están haciendo en función al plan de su asociado, y le cubren una cirugía estética al año; cuando todas las prepagas lo hagan, van comenzar a cubrir otros tratamientos no invasivos y se van a requerir más profesionales formados a nivel técnico.

La estética y la cosmetología, son profesiones que están para quedarse y seguro van a evolucionar como todas las actividades, inclusive puede producirse una hibridación de roles dentro de las profesiones en algún momento en donde se cree una carrera que contenga especialidades de varias áreas. No lo sé, es posible.

De lo que sí estoy seguro, es que todas las profesionales del sector deben comenzar a ser más responsables de lo que consumen a diario, los productos, la aparatología, las capacitaciones, y todo lo inherente a su profesión.

Deben comenzar a cambiar esta visión romántica del sector, y más allá de que la mayoría que se dedica a la estética y la cosmetología, lo hace porque le gusta y le da placer, su actividad. Deben comprender que en toda actividad profesional, la contraprestación del servicio, es decir, lo que el cliente paga, se debe exigir y valorar. El trabajo profesional no se debe regalar y mucho menos, ofrecerse a través de cupones digitales, que generalmente están dirigidos a cazadoras de ofertas y no a potenciales clientes que le interese la calidad de sus servicios

La innovación tecnológica, evoluciono a una tasa mucho mayor que los programas de estudio y la oferta académica, este desfasaje produjo una brecha muy grande entre el conocimiento profesional y las técnicas para abordar los tratamientos, por lo cual deben seguir perfeccionándose con todo lo que este disponible.

Deben ser más exigentes con lo que se les ofrece en el sector, y ser conscientes de que el único motor de esta industria profesional son ellas mismas, ya que todo lo que se produce a diario, si ellas no lo compran, la industria no crecería tanto. Investiguen, exijan, comparen y luego adquieran.

www.ingramcontent.com/pod-product-compliance
Lightning Source LLC
Chambersburg PA
CBHW071412150726

48000CB00001B/277